Dialogues about China
对话中国

交际文化篇
Communicative Culture

张 健　董 萃 ◎ 主编
孙 荔　邢蜜蜜 ◎ 编著

北京语言大学出版社
BEIJING LANGUAGE AND CULTURE
UNIVERSITY PRESS

© 2020 北京语言大学出版社，社图号 16059

图书在版编目（CIP）数据

对话中国. 交际文化篇 ／ 张健，董萃主编 ；孙荔，邢蜜蜜编著. -- 北京：北京语言大学出版社，2024.3
    ISBN 978-7-5619-4503-2

    I. ①对… II. ①张… ②董… ③孙… ④邢… III. ①汉语－对外汉语教学－语言读物 ②中华文化 IV. ① H195.5：G

中国版本图书馆 CIP 数据核字（2020）第 081001 号

对话中国・交际文化篇
DUIHUA ZHONGGUO・JIAOJI WENHUA PIAN

排版制作：	北京创艺涵文化发展有限公司
图片提供：	全景　微图　壹图
责任印制：	邝天

出版发行：北京语言大学出版社
社　　址：北京市海淀区学院路 15 号，100083
网　　址：www.blcup.com
电子信箱：service@blcup.com
电　　话：编 辑 部　8610-82303647/3592/3395
　　　　　国内发行　8610-82303650/3591/3648
　　　　　海外发行　8610-82303365/3080/3668
　　　　　北语书店　8610-82303653
　　　　　网购咨询　8610-82303908
印　　刷：北京虎彩文化传播有限公司

版　次：2020 年 6 月第 1 版　　印　次：2024 年 3 月第 2 次印刷
开　本：710 毫米 ×1000 毫米　1/16　　印　张：8.75
字　数：71 千字
定　价：99.00 元

PRINTED IN CHINA

凡有印装质量问题，本社负责调换。售后QQ号1367565611，电话010-82303590

引言

　　中国人好交际，喜欢交朋友。中国人的热情厚道也是众所周知的。在2008年北京奥运会盛大的开幕式上，数千名身穿古代士兵服装的表演者，一边击缶，一边大声吟诵"有朋自远方来，不亦乐乎"。这句话出自记录圣人孔子言行的著作《论语》，意思是有朋友从很远的地方来，是多么快乐的事情啊。

　　如今，越来越多的外国人愿意了解中国，亲近中国，跟中国人交朋友。外国人来中国，在中国学习、工作和生活，或者跟中国人打交道时，免不了发生沟通障碍，也可能会闹笑话。

　　为什么会闹笑话？原因无非有两点：一是语言的障碍，二是文化的差异。

　　先说语言的障碍。有人说汉语是世界上最难学的语言之一。汉语有四个声调，声调能区别意义；汉语词汇很丰富，一词多义多功能；汉字难认难写……汉语在语音、词汇、语法等各方面都跟其他语言完全不同。语言的障碍造成了理解和表达上的误解和不顺畅。另一个原因是文化的差异。有的外国人在汉语语音、词汇、语法方面没什么问题，能说一口流利的汉语，但对中国文化缺乏了解，在交际中不懂得中国人的社会文化心理和风俗习惯，不懂中国的交际礼节和规则，就会闹笑话了。比如，一位外国朋友在中国参加婚礼，他对新郎说："你真幸运，你妻子真漂亮！"新郎笑着说："哪里哪里！"外国人一愣，只好回答："牙齿很白，眼睛很大……"大家听了哈哈大笑。之所以闹出了这样的笑话，不但是因为这位外国朋友不懂得这句客套话，更是因为他不懂得中国人自谦的文化习惯。

怎样才能不闹笑话？一、要以真诚友善的态度，不带任何偏见地看中国，看中国人。只有互相尊重，才能成为真正的朋友。二、努力学习汉语，掌握汉语知识，提高汉语水平。语言是交际的工具，是沟通思想和情感的桥梁。三、尽量多了解中国文化知识，加强汉语交际能力，消除跨文化交际中的障碍。

来吧，外国朋友们，欢迎你们来中国，跟我们交朋友！

目 录

III 交/际/文/化/篇
Communicative Culture

1. 问"吃了吗?",是要请客吗? *2*
2. "慢走"是"慢慢地走"吗? *8*
3. "一路走好"是"再见"吗? *12*
4. 你比我"贵"吗? *16*
5. 她"哪里"漂亮? *20*
6. 中国人的自谦是"假"和不自信吗? *24*
7. 中国人的亲属称谓为什么那么复杂? *30*
8. 是"老王"还是"王老师"? *36*
9. 叫我"老外",是说我老吗? *40*
10. 中国人吃饭怎么像打架? *44*
11. "家常便饭"怎么这么丰盛? *50*
12. 中国人怎么这么热情? *56*
13. 她为什么像警察一样? *60*
14. 在中国,怎么祝酒? *64*
15. 这个"方便"是那个"方便"吗? *68*

16. "不在"还是"不在了"？　　72

17. 送礼物时，应该不应该一再坚持？　　76

18. 中国人接受礼物时为什么要推辞呢？　　80

19. "钟"为什么不能当礼物？　　84

20. 不当众表示亲密，是因为他们不相爱吗？　　88

21. 为什么不能定价为"250"元？　　92

22. 为什么不能"吃醋"？　　96

23. "意思"是什么意思？　　100

24. 绿帽子、白花能不能戴？　　104

25. "以后再说"，什么时候"说"？　　110

26. 起名字应该注意什么？　　114

27. "脸"和"面子"一样吗？　　118

28. "问题不大"是有问题还是没有问题？　　124

29. 该怎么称呼张副总经理？　　128

30. 这酒一定得喝吗？　　132

（玛丽去食堂吃午饭，路上遇到了王红。）

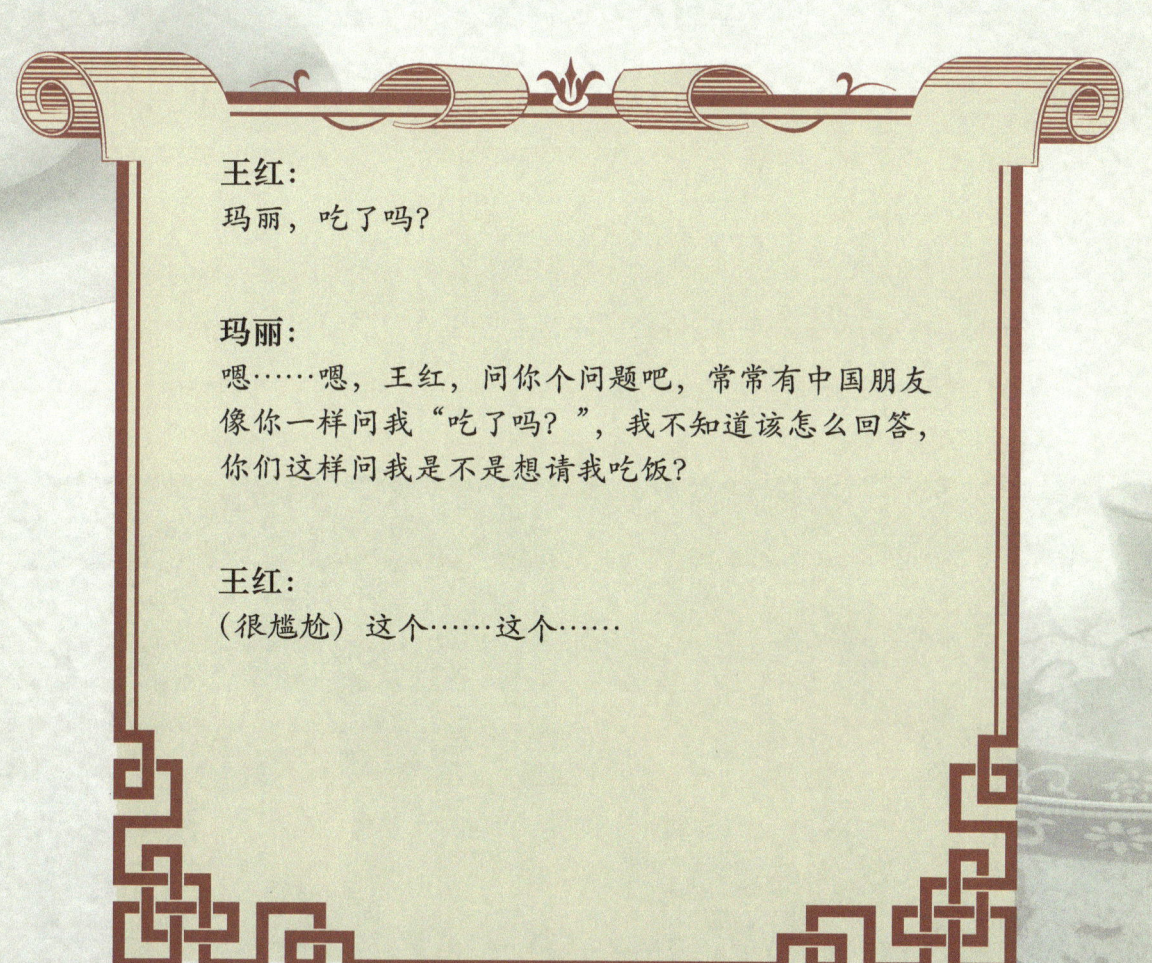

王红：
玛丽，吃了吗？

玛丽：
嗯……嗯，王红，问你个问题吧，常常有中国朋友像你一样问我"吃了吗？"，我不知道该怎么回答，你们这样问我是不是想请我吃饭？

王红：
（很尴尬）这个……这个……

1. 问"吃了吗？"，是要请客吗？

"**吃了吗？**" 是中国人表示问候的一种常见的方式。用"吃了吗？"打招呼通常是在应该吃饭的那段时间，一般是在早上7点到8点半、中午11点半到1点、晚上6点到8点这三个时间段。

交/际/文/化/篇
Communicative Culture

中国人为什么喜欢用"吃了吗？"表示问候呢？这和中国人对饮食的重视有关。中国有句古话叫"民以食为天"，就是说，老百姓把吃饭看作天下最重要的事。中国人一般都有比较严格的饮食习惯，比如一日三餐，每餐的时间也基本固定。另外，"吃了吗？"这句话也充分显示出对对方的关心，对方是否按时吃饭了，这是关乎身体健康的。因此，"吃了吗？"只是表示问候，并不是要请对方吃饭。当然，在不宜于谈论饮食的场所（如卫生间）或场合（如开会时），不适合这句话打招呼。

中国人表示问候的方式，外国人最早学到的是"你好"。"你好"一般用于初次见面或是不太熟的人们之间打招呼，熟悉的朋友见面很少这样说。除了"你好""你好吗？""好久不见了！"或者询问对方或对方亲属近况（如"工作忙吗？""你父母都好吧？"）以外，熟人之间更多的是根据对方的情况发问，通过观察或估计对方做的事情而发问。

估计对方刚刚做完某事，如，正是吃饭的时间，就会问候别人："吃了吗？"正是下课的时间，看到

交／际／文／化／篇
Communicative Culture

对方背着书包从教室出来，就可以问候："下课了？"

看到对方正在做某事，如，看到对方正在吃饭，就可以问候："吃饭呢？"看到对方正在晨练，就可以说："锻炼身体呢？"

预计对方要去做某事，如，看见对方往食堂走去，就可以问候："还没吃饭啊？"看见对方拿着网球拍走向网球场，就可以问候："打球去啊？"

这些问候方式多用于熟人、朋友之间，这不是"明知故问"，也不是一定要知道对方在干什么，更不是对对方行为的"干涉"，而是一种关心，比"你好"更为生动和亲热。

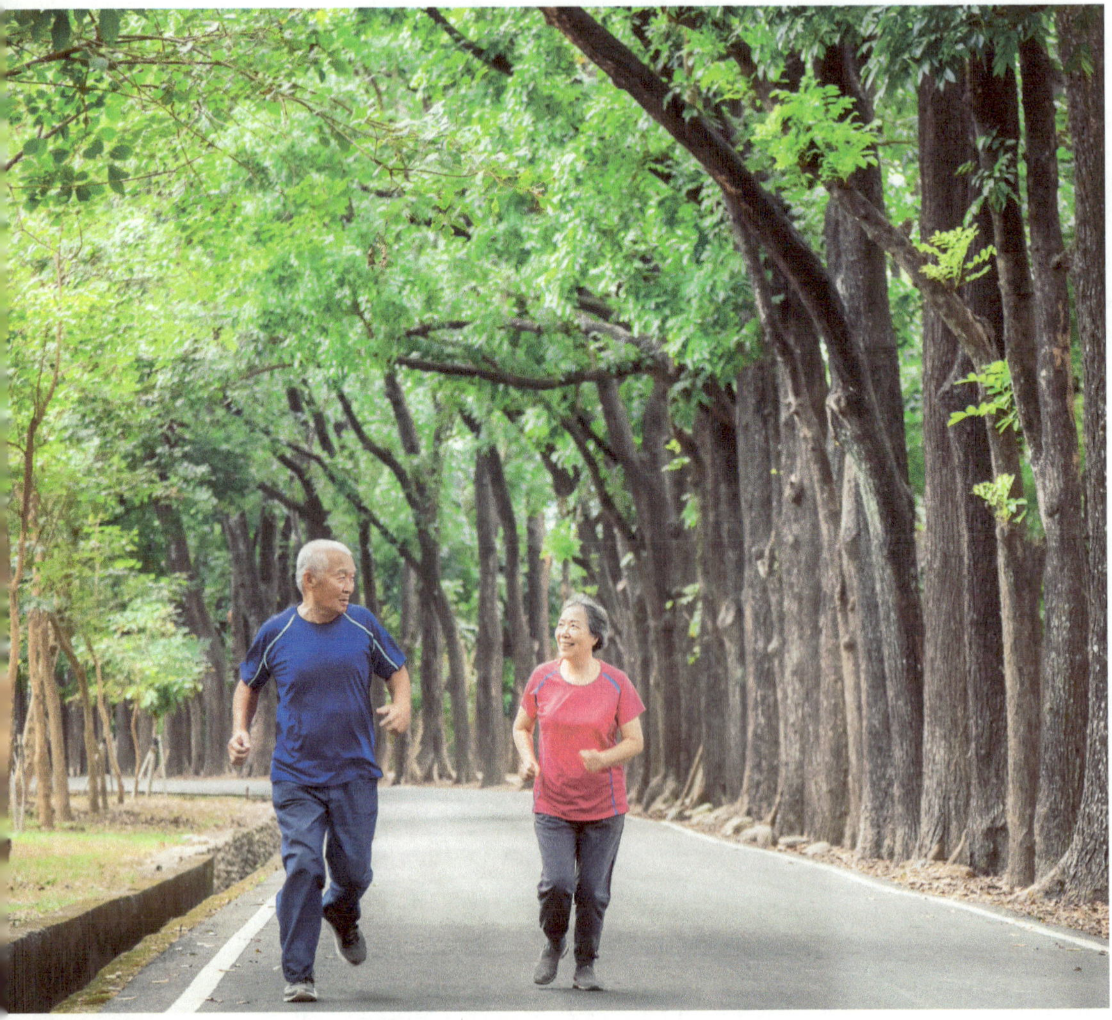

（玛丽去王红家做客，临走时向王红告别。）

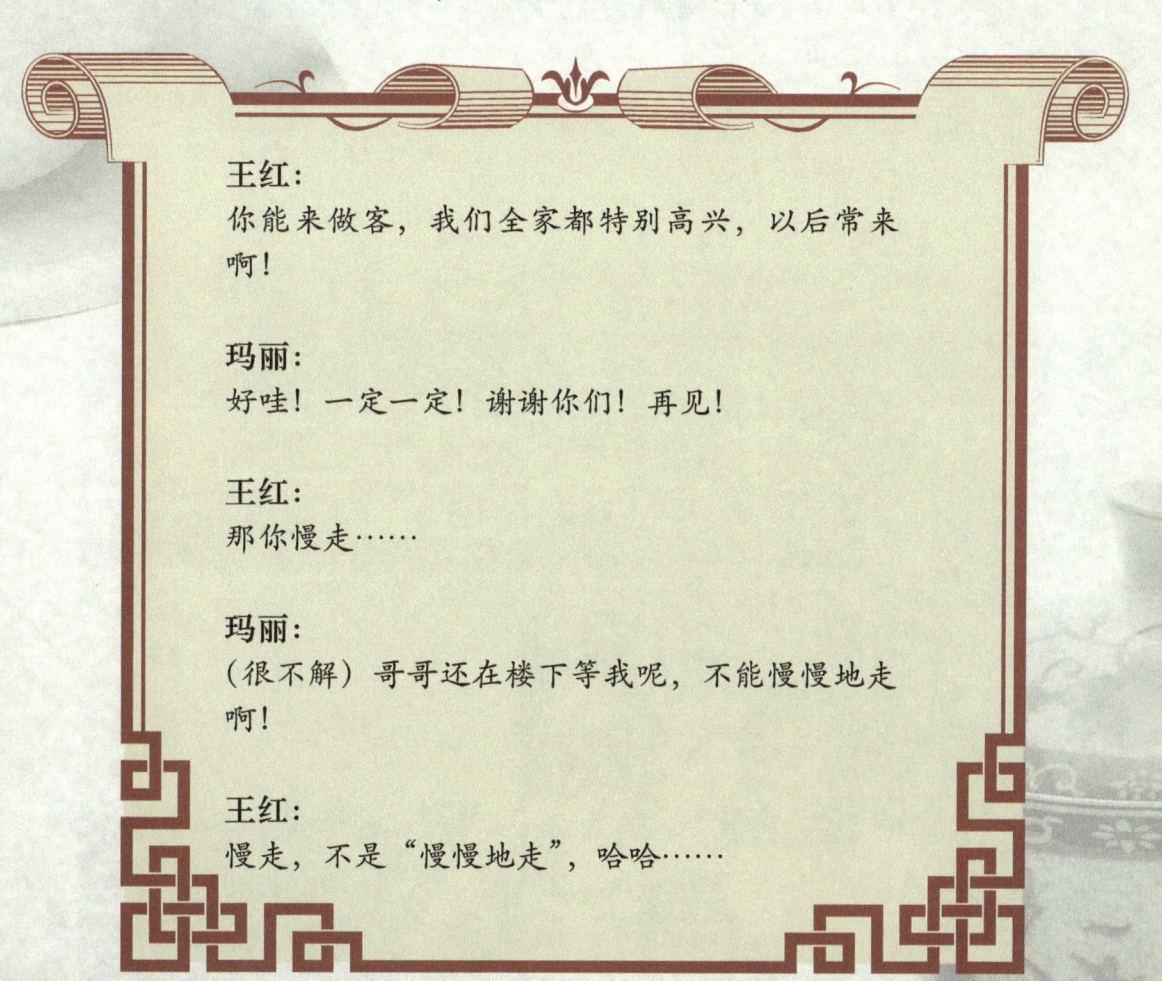

王红：
你能来做客，我们全家都特别高兴，以后常来啊！

玛丽：
好哇！一定一定！谢谢你们！再见！

王红：
那你慢走……

玛丽：
（很不解）哥哥还在楼下等我呢，不能慢慢地走啊！

王红：
慢走，不是"慢慢地走"，哈哈……

2. "慢走"是"慢慢地走"吗?

"慢走"是中国人在送别人离开时常说的一句客气话。它并不是要求对方放慢速度"慢慢地走",而是表达了送行者对亲友的留恋、祝福和关切,舍不得对方离开,希望并祝愿对方一路平安顺利,其实就是"再见"的另一种表达方式。

交/际/文/化/篇
Communicative Culture

而被送的人，则多回应"请留步""请回"，表达主客双方彼此间的真挚情谊。"慢走"可以在道别时对离开的人说，并且出于礼貌，对方离开后，送人者不能马上转身，应该目送对方一段时间，这时候也可以再次对他说"慢走"，让对方感受到你关切的目光。

在日常生活或者商务交往中，常常能听到中国人说"慢……""慢点儿……"：送客人时，说"慢走"或者"慢点儿开（车）"，这不是要求或提醒对方限速，而是一种关切，叮嘱客人路上小心，注意安全；在茶馆儿、咖啡店、饭店，服务员送上热茶、咖啡、饭菜时，都要亲切

地说一句"慢用",这是一种职业性的礼貌,请顾客好好享受美味,度过愉快的时光;跟朋友吃饭,自己临时有急事要先行离开,应该说"我先告辞了,各位慢吃",这既是在表达歉意,又是在告诉朋友,不必因为自己的离开而着急,尽可以安心用餐;借给别人书或影碟,朋友问什么时候还,可以回答他"慢慢看"或者"慢慢欣赏",这是在表示不必急着归还,尽管尽情地阅读、欣赏就好。这些带着"慢"字的客气话,意义的重心不是让对方放慢速度,而是一种对对方的关爱和体谅,充满浓浓的人情味儿,它使听者感到温暖,使双方之间的相处更融洽、和谐。

（玛丽和王红去机场送她们的朋友罗刚。）

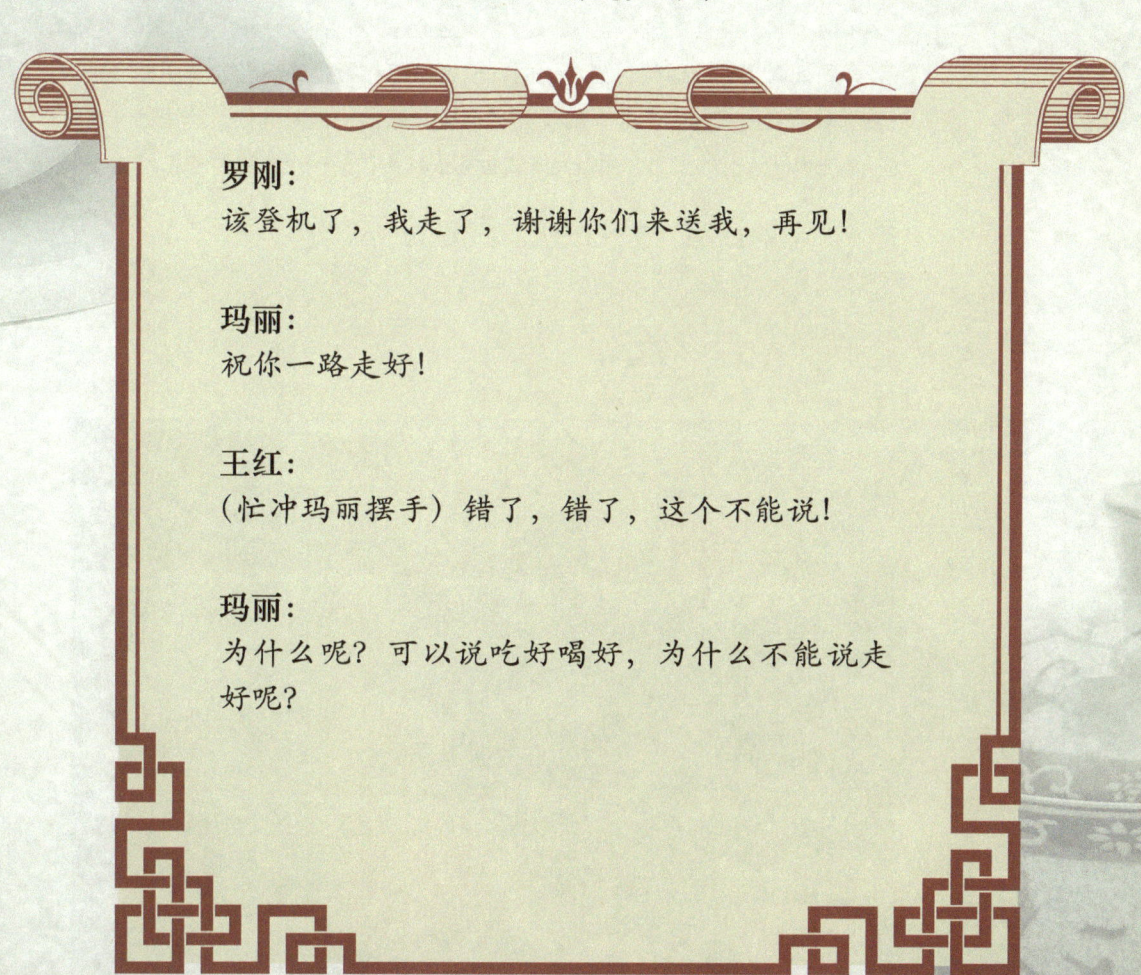

罗刚：
该登机了，我走了，谢谢你们来送我，再见！

玛丽：
祝你一路走好！

王红：
（忙冲玛丽摆手）错了，错了，这个不能说！

玛丽：
为什么呢？可以说吃好喝好，为什么不能说走好呢？

3. "一路走好"是"再见"吗?

的确,中国人在聚会时常用"吃好""喝好"表示祝愿,希望对方吃得满意,喝得尽兴,告别时也常说"走好"。"**一路走好**"只比"走好"多了两个字,但意义却完全不一样。"一路走好"是吊唁用语,是生者祭奠死者、跟死者告别的时候对死者说的,或者书写在敬献给死者的花圈挽联上,表示对死者的哀悼和怀念,给予死者家属真挚的安慰和问候。这里的"走"不是在世间远行的意思,而是离开人世死去、去往另一个世界的意思。"走了"

交/际/文/化/篇
Communicative Culture

正是表示"死亡"的委婉语之一。

生者想念刚刚去世的死者，虽然不迷信，但对死者的留恋使人们宁愿希望有"灵魂"的存在，希望死者能安心在另一个空间中好好生活，不要受苦，不要因留恋前生和家人而痛苦。

要是一个人要出远门儿，你跟他说"一路走好"，他会以为你在诅咒他。因此"一路走好"绝对不能对活着的人说，这是交际言语上的大忌。

吊唁时，对死者常说的话除了"一路走好"以外，还有"安息""永垂不朽""永远怀念"等；对死者的家属，常说"节哀顺变"，希望对方面对噩耗，能够节制悲哀，保重身体。

跟生者告别，送他离开，应该说"再见""（祝你）一路平安""一路顺风""路上小心""慢走""后会有期""多保重""保持联系"等。但如果对方是乘飞机远行，就不宜说"一路顺风"，以免产生不吉利的联想，引起对方不快。

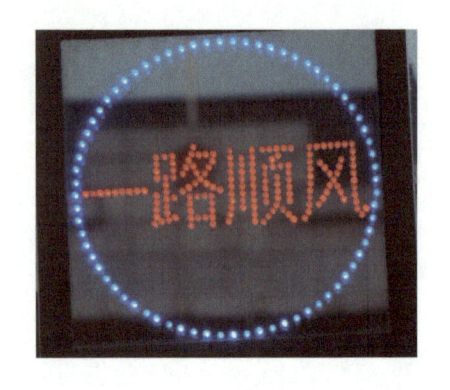

（王红正在帮助玛丽写一封求职信。）

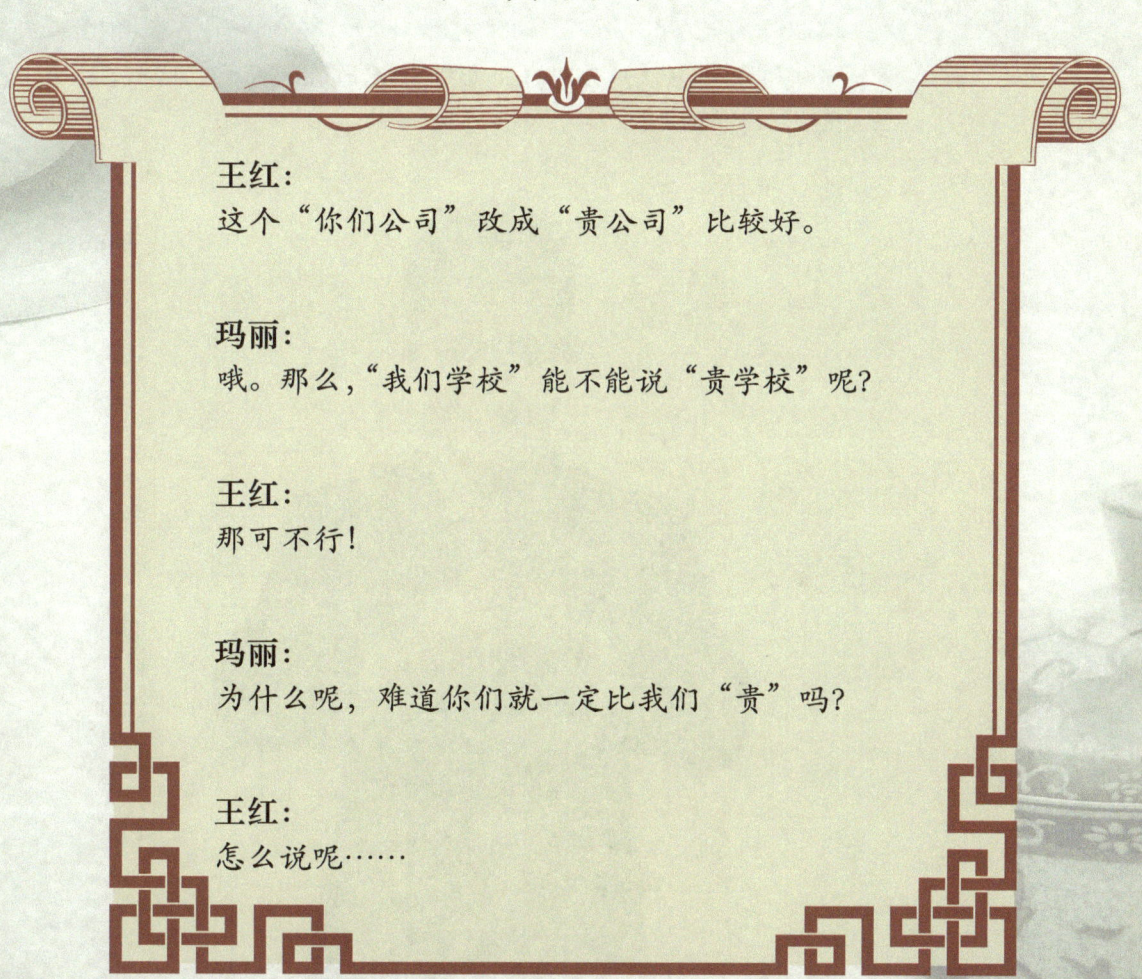

王红：
这个"你们公司"改成"贵公司"比较好。

玛丽：
哦。那么，"我们学校"能不能说"贵学校"呢？

王红：
那可不行！

玛丽：
为什么呢，难道你们就一定比我们"贵"吗？

王红：
怎么说呢……

4. 你比我"贵"吗?

"贵……"是一种尊称,也就是带有尊重色彩的称谓。它常用于称跟对方有关的人或事物,以示对对方的尊敬。如,问对方姓什么称"贵姓";问对方的年龄用"贵庚";问对方要做什么说"有何贵干";对方的国家,称为"贵国";对方所在的公司,称为"贵公司";对方所在的学校,称为"贵校";对方的儿子,称为"贵公子";等等。

除了"贵"字外,"令、尊、贤"等字也表示对对方的尊敬。如,称对方的父亲为"令尊"、母亲为"令堂",称对方的妻子为"尊夫人",称比自己小的平辈为"贤弟""贤妹",但这些称谓大多已经过时,在古代文学作品、古代题材的影视剧中还可以读到和听到,现实生活中已经很少这样用了。

中国自古就是礼仪之邦,尤其和人打交道,要讲究彼此的尊卑长幼。中国人在人际交往中,常以对方为敬,同时借压低自己的方式抬高对方。"贵……"只用在称呼跟对方有关的人或事物,谈到与自己有关的人或事物时,就不能这样说了,而要使用谦称。谦称就是带有谦逊态度色彩的称谓,如称自己为"在下""鄙人",在普通的名词前加上"鄙、愚、拙、家、舍、贱"等字眼,如称自己的父亲为"家父"、母亲为"家母",称自己的妻子为"拙

荆""贱内",称女儿为"小女",对比自己小的平辈称自己为"愚兄",称自己的弟弟、妹妹为"舍弟""舍妹",等等。这些谦称在今天看来,有些过分压低自己,在现代日常口语中大多已不再使用了,只在书籍和信件中出现。

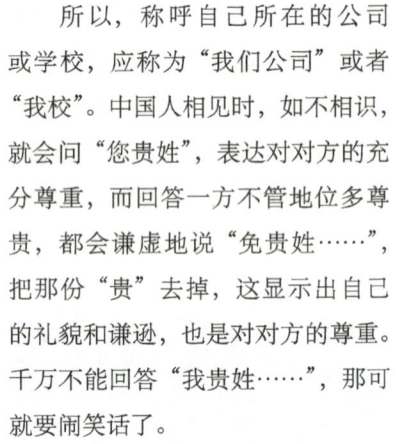

所以,称呼自己所在的公司或学校,应称为"我们公司"或者"我校"。中国人相见时,如不相识,就会问"您贵姓",表达对对方的充分尊重,而回答一方不管地位多尊贵,都会谦虚地说"免贵姓……",把那份"贵"去掉,这显示出自己的礼貌和谦逊,也是对对方的尊重。千万不能回答"我贵姓……",那可就要闹笑话了。

另外,上面提到的很多敬语,主要用在较为正式的外交场合、商务活动或者书面应用文体中,如外交公文、信函、求职书、申请书、感谢信、贺电等就常用"贵……"来称呼对方。

（玛丽在路上遇见了董老师和她的女儿。）

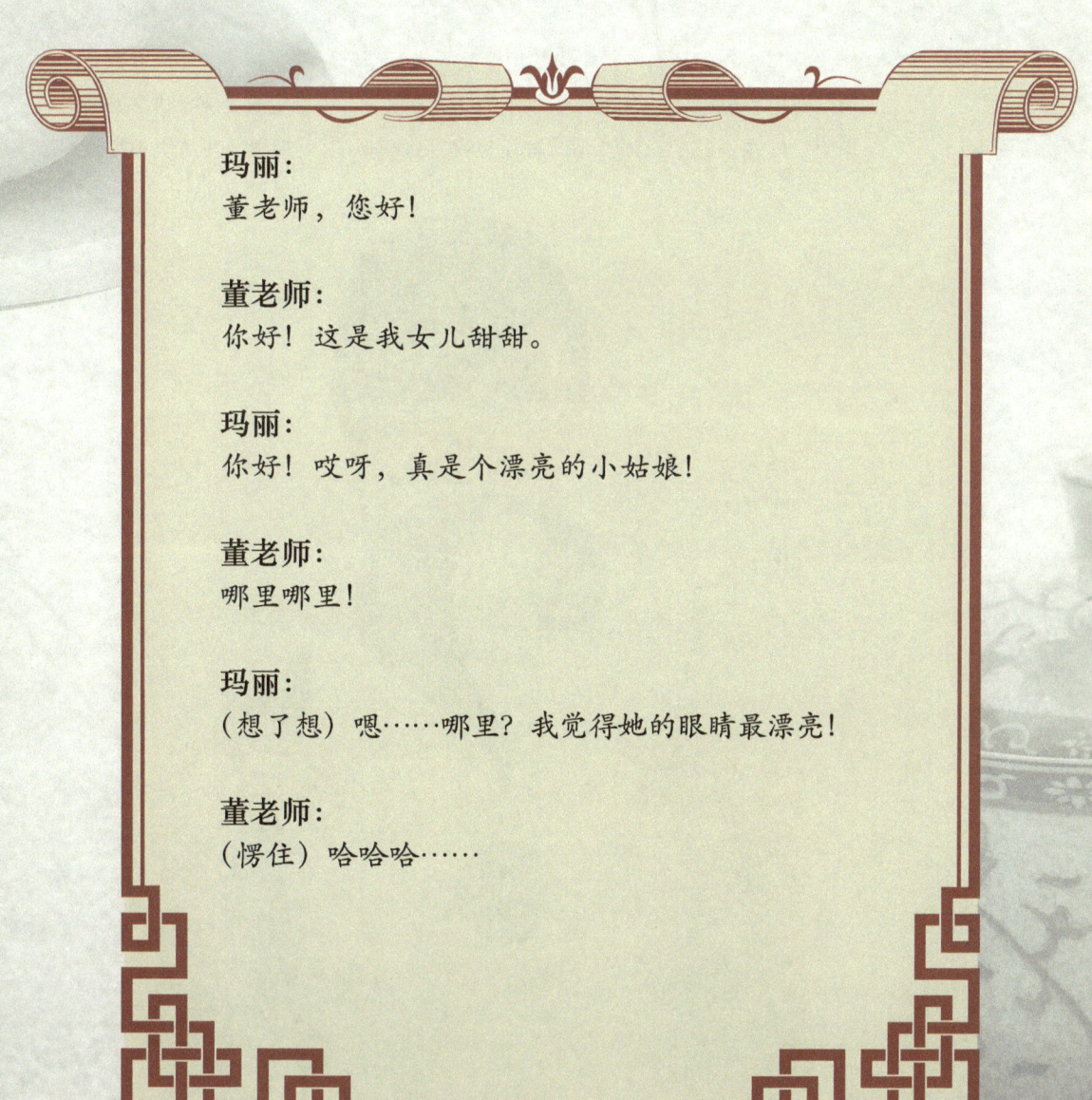

玛丽：
董老师，您好！

董老师：
你好！这是我女儿甜甜。

玛丽：
你好！哎呀，真是个漂亮的小姑娘！

董老师：
哪里哪里！

玛丽：
(想了想) 嗯……哪里？我觉得她的眼睛最漂亮！

董老师：
(愣住) 哈哈哈……

5. 她"哪里"漂亮？

"哪里""哪儿"等疑问代词的基本意义是表示疑问，用来询问处所，即英文中的"where"，如"你是哪里人？""你去哪儿？"，这是需要回答的。

但是，它们还有一种常见的用法就是表示否定。在交际中，中国人喜欢用"哪里哪里"之类的话对来自对方的称赞做出自我否定的反应，这是一种谦虚，好像不找个托词推却一番便是盲目自满似的。"哪里"在这里不是疑

交/际/文/化/篇
Communicative Culture

问，不需要回答。比如，听到别人对自己或者跟自己有关的事物的称赞，"你女儿长得真漂亮！""你的论文写得太棒了！""你的英语简直像英国人一样地道！"，通常都会回答"哪里哪里"或者"哪儿呀"，这并不是追问对方"我女儿哪里长得漂亮？是鼻子还是眼睛？""我的论文哪个部分写得棒？是第一段还是最后一段？"或者"我的英语哪个方面地道，是发音还是语法？"如果冒冒失失地回答"眼睛漂亮"什么的，就会闹笑话啦。在这里，"哪里哪里"和"哪儿呀"是表示"您的评价真让我不好意思，过奖了，我还没有达到您所称赞的那么高的程度，还远远不够呢"。因此，在"哪里哪里"或者"哪儿呀"后面，还

常常加上一句"（还）差得远呢"，这也体现了一种谦逊有礼的品质。

要是以后你去中国朋友家里做客，夸他菜做得很好，他谦虚地说"哪里哪里"，你可不要觉得奇怪，为什么问你他在哪里做的菜呢？这还用说吗？更不要接上去回答"在厨房里"，那样可就要闹笑话了！

除了"哪里"和"哪儿"外，"什么""怎么""哪"这些疑问代词也可以表示否定，以示谦虚和礼貌。带礼物参加中国人的聚会时，中国人会客气地说"来就行了，还带什么礼物啊"。同样，这也不是发问，不是主人太心急，想要马上知道礼物是什么。"带什么礼物"的意思是"不用带礼物，你太客气了"，你要是想都不想，就回答"是巧克力"，那就又要闹笑话了！

（玛丽和王红在看中国电影颁奖典礼的电视转播。）

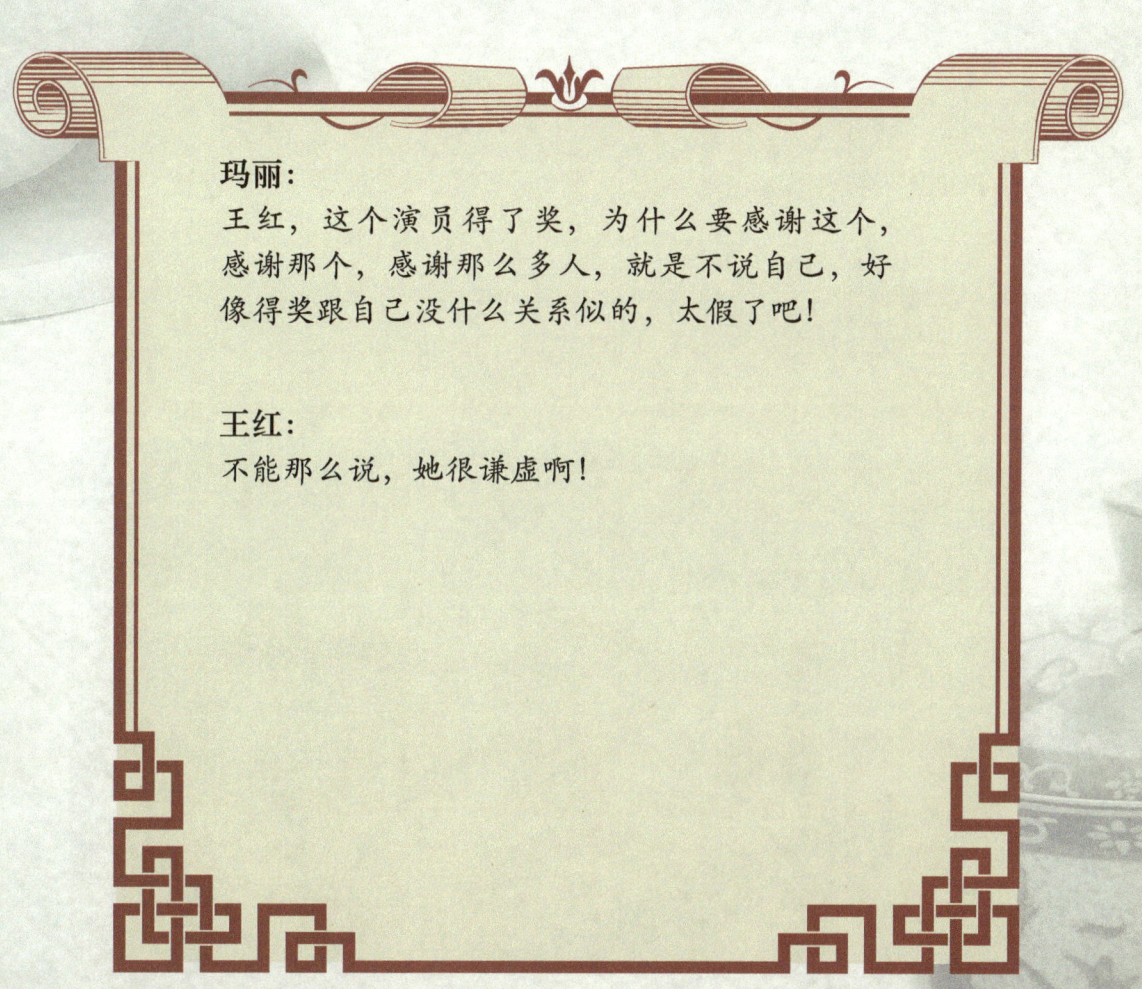

玛丽：
王红，这个演员得了奖，为什么要感谢这个，感谢那个，感谢那么多人，就是不说自己，好像得奖跟自己没什么关系似的，太假了吧！

王红：
不能那么说，她很谦虚啊！

6. 中国人的自谦是"假"和不自信吗？

在中国人看来，**谦虚**是一种非常重要的美德。中国人自古以来就崇尚谦虚。自谦，更是中国人的行事风格。

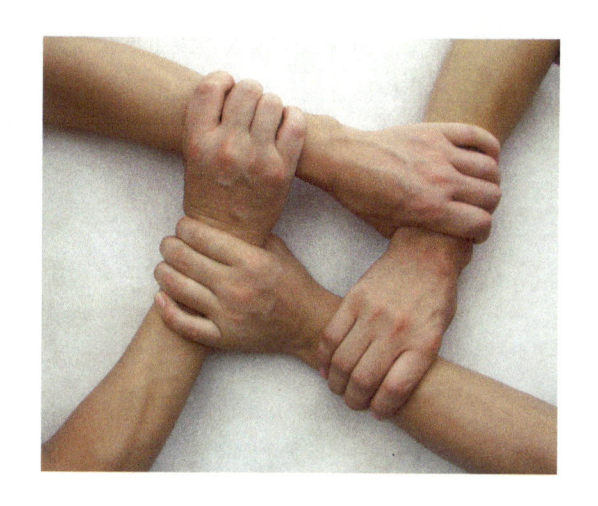

中国人的交际文化是一种双方互相映照的文化，说自己弱就好像是表示别人强，而夸自己强又似乎是说别人弱。所以，为了表示礼貌和尊重，中国人很少自己夸自己，一般以较保守的方式来呈现自己，不会夸大自己的能力和价值。在古代，中国人把自己的文章叫作"拙作"，把自己的儿子叫作"犬子"，把自己的女儿叫作"小女"，把自己的房子叫作"寒舍"。一个中国大学生陪着他的外国朋友去KTV，外国朋友们争先恐后地唱歌，可是那个中国人安静地坐在一边，笑眯眯看着，外国人拉他来唱，他只说"你们先唱，我不太会唱"。过了一段时间，学校举行歌唱大赛，那个中国学生参加了比赛，唱得很好，还得了奖。原来，跟大家一起玩儿的时候，他说"不会唱"是在谦虚，他那样做是为了让这些在中国不常去KTV的外国朋友们玩得更尽兴。生活中，你是不是也遇到过很多这样的例子呢？

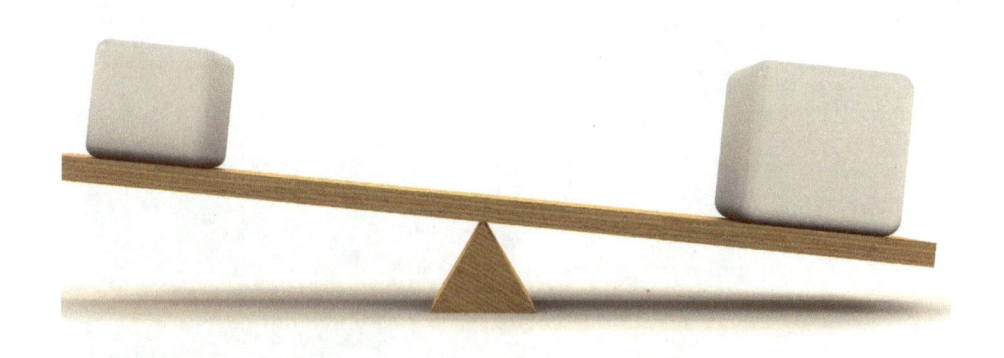

另外，中国人传统上比较重视集体的作用。因此，取得了某种成就、获得了某项嘉奖时，中国人多半会淡化自己，把成绩归功于领导和集体，总是说："我没有做什么，都是大家的功劳""在领导的支持下和大家的帮助下，我取得了一点儿成绩"。他们通常不会在大家面前，喜形于色地称自己有多棒，有多出色；而是要控制住自己内心的激动，先感谢领导，感谢老师，感谢团队，感谢活动的组织者，感谢父母亲友，把自己的努力和心血放到次要的位置，轻描淡写几句，甚至完全不提。

受到别人的称赞时，很多中国人往往压低自己的身份，回答说自己做得还远远不够，实在不值得为自己所做的事而得到褒奖和赞扬，如"哪里哪里，还差得远呢"；或者强调这是自己的职责，是分内的工作，如"这是我应该做的"；或者称对方的称赞超过了自己应得到的评价，如"过奖，过奖"。中国人在表演前总会说声"献丑"，告诉别人自己能力不够，表演得不好；发表讲话、介绍经验之前，常说"我水平有限，如果

交／际／文／化／篇
Communicative Culture

有什么不对的地方，欢迎指正"。这些都是中国人自谦的表现。

因为不了解中国文化，不了解中国传统的自谦观念，崇尚自我赞扬、自我肯定的外国人在与中国人的交往中，如果遇到中国人这样以自我否定来表示谦虚时，他们会感到尴尬甚至不快，觉得中国人虚伪、不实在、不自信，这实在是误解了中国人的良好初衷。中国人的自谦是真诚的，在中国人的思维模式中，强调集体的重要性，个体总是放在较为次要的位置。中国人非常重视团队的协作，懂得尊重，尊重他人的劳动；懂得感恩，感念所有的支持与帮助。中国人的自谦也是自信的，承担某项工作时，如果一个人对一件事情没有自信，一般什么也不会说；而当他很自信的时候，他才会说"我来试试，不知道能不能行""我的想法不一定对，只是给你个参考"。大多数情况下，如果他没有相当的把握、足够的自信，就不会说出来了；既然说出来，就表示他对自己的肯定。而且中国人往往口头上谦虚，行动上却一点儿也不含糊，认真负责，严格要求自己，凡事力求完美。

当然，在求职应聘、商业贸易、招标竞标、广告事务等活动中，中国人就会尽量展示自己的优势和长处，不会那样自谦了。

现在你清楚了吧，如果一个中国人对你说"我能力有限，经验不足，希望多向您学习"，要记住：一、他这样说是他很谦虚，有很好的修养；二、他可能是很有能力、很有经验的，千万不要小看他哟！

（玛丽到王红家过春节，见到了王红的很多亲戚。）

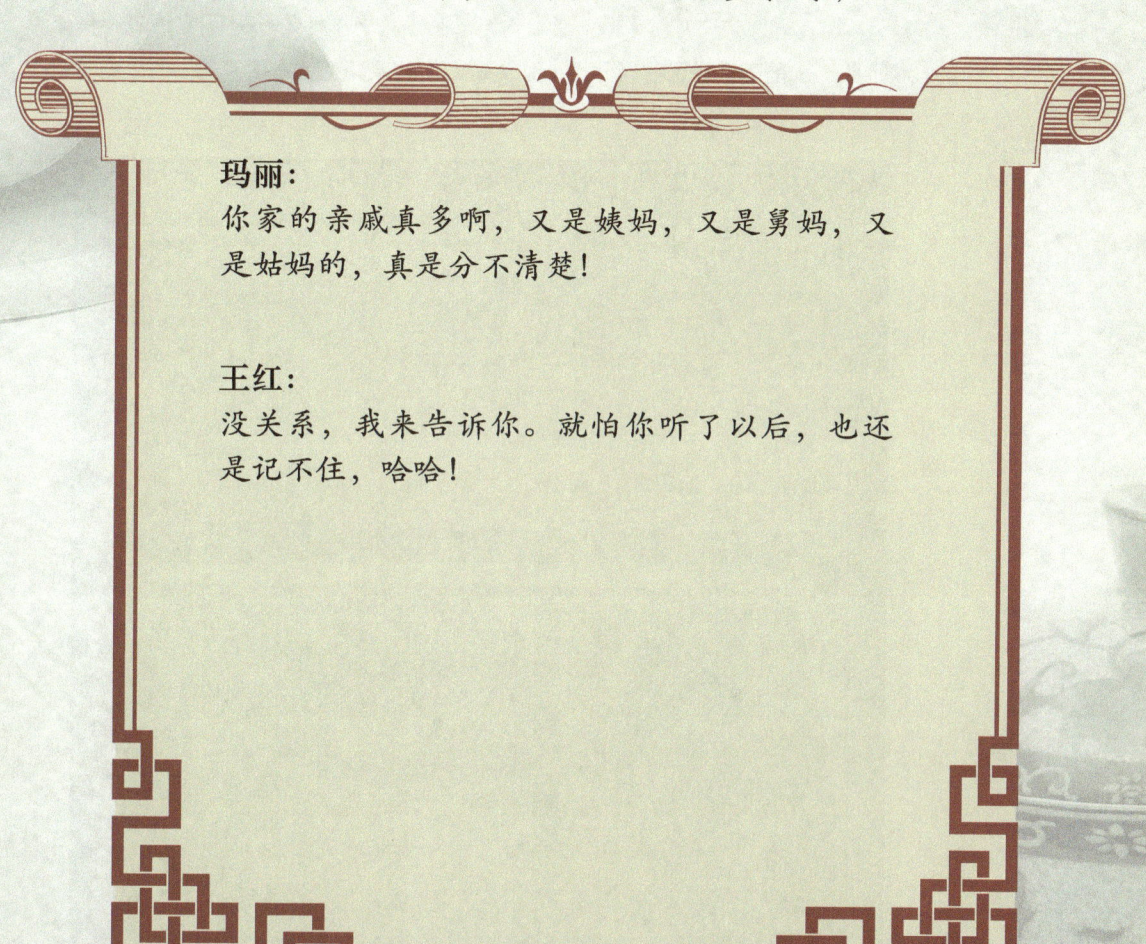

玛丽：
你家的亲戚真多啊，又是姨妈，又是舅妈，又是姑妈的，真是分不清楚！

王红：
没关系，我来告诉你。就怕你听了以后，也还是记不住，哈哈！

7．中国人的亲属称谓为什么那么复杂？

中国人家族观念非常浓厚，特别重视亲情，重视这种以血缘为基础的情感关系。中国传统家族通常都比较庞大，由有血缘关系的若干家庭组成，成员众多，因此**亲属称谓**也极其复杂，几乎每种关系都有固定的称谓，而且父系和母系亲属称谓分得十分清楚。如父系，也就是父亲这一方，有爷

爷（爸爸的爸爸）、奶奶（爸爸的妈妈）、大爷或伯父或伯伯（爸爸的哥哥）、叔叔（爸爸的弟弟）、姑姑或姑妈（爸爸的姐妹）等；母亲一方，有姥爷或外公（妈妈的爸爸）、姥姥或外婆（妈妈的妈妈）、舅舅（妈妈的兄弟）、姨或姨妈（妈妈的姐妹）等，非常复杂。这些称谓也体现出中华民族尊老敬长的原则。到春节时，整个家族的人团聚在一起，真的是"七大姑八大姨"，好不热闹！

英语中"aunt"和"uncle"这两个词，可以是爸爸的兄弟姐妹，也可以是妈妈的兄弟姐妹，而在中

国，则有很多种称呼，aunt 可能是伯母（伯父的妻子）、婶婶（叔叔的妻子）、姑妈、舅妈（舅舅的妻子），甚至是表伯母……而 uncle 呢，可能是伯父、叔叔、舅舅、姑父（姑姑的丈夫）、姨夫（姨妈的丈夫），甚至是表伯父。为什么中国人把父系和母系亲属称谓分得这么清楚呢？因为依照古代传统，中国社会的家族都是以父亲一方为系统的，家庭的权利、财产都要传给血亲，即父亲传给儿子，儿子传给孙子。母亲是外姓家庭嫁过来的，不是同族，姻亲这一边不能继承父亲一族的权利和财产。因此，父系和母系亲属称谓必须要分清楚。

其实，无论是认识还是不认识的人，中国人常喜欢用亲

33 交／际／文／化／篇
Communicative Culture

属称谓称呼对方,这是对别人的尊敬,也是增加亲近感的方式。跟祖父母年龄差不多或辈分相同的,就叫"爷爷、奶奶";跟父母年龄差不多或辈分相同的,叫"叔叔、阿姨";年龄比父母稍大的,叫"伯父、伯伯、伯母、大爷、大娘、大妈";比自己年长的同辈,叫"大哥、大姐"。在这些称谓前边都可以加上对方的姓,如"张叔叔""王伯伯""李姨""孙大哥"等,这是家族亲属称谓在社会使用中的泛化。"四海之内皆兄弟",就是说全中国就是一个大家庭,所有的人都是兄弟姐妹。同时,从交际心理学上看,这样"没有把自己当外人"的称呼,能够有效拉近交际双方的心理距离,从而促进交际目的的顺利达成。

除此之外,还要注意这些称

谓使用的场合。在城市，较少使用"大爷、大妈、大娘"这些称谓，比较多用"叔叔、阿姨"，在农村则正相反；在机关、学校，就更不能随便称呼"大爷、大妈"了。年轻男子一般不能称呼陌生年轻女子"小姐"，而应在前边加上对方的姓，如"赵小姐"。

随着人们生育观念的改变，中国的人口出生率大大下降，城市里许多家庭都是"一对夫妻一个孩儿"。将来，现在的这套亲属称谓系统可能会部分消失，什么"伯伯、叔叔、哥哥、姐姐"之类的称呼将更多用于社会称谓，较少表示家庭关系，而"舅舅、舅妈、表哥、表姐"之类的称谓可能完全用不上了。

（玛丽去办公室找董老师，正谈着，董老师的同学王老师来了。）

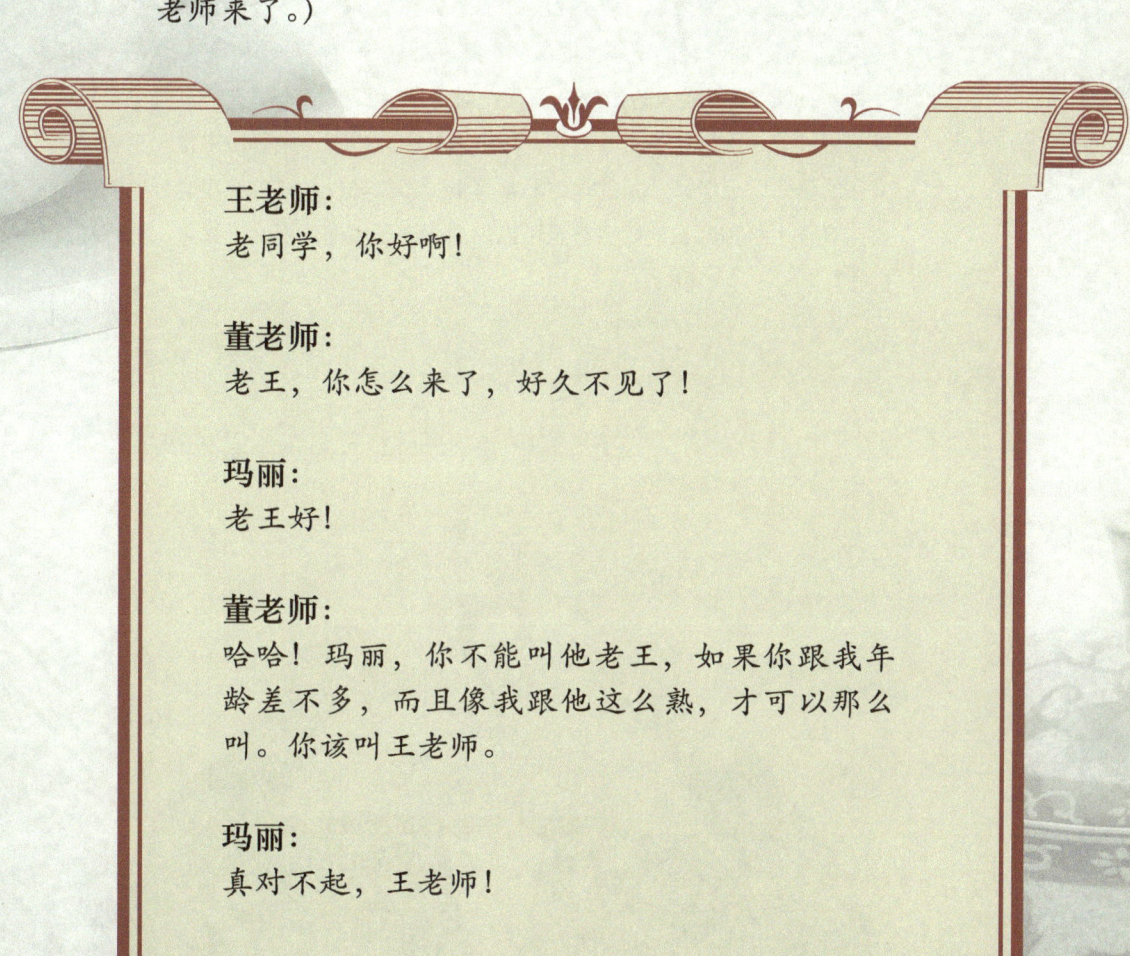

王老师：
老同学，你好啊！

董老师：
老王，你怎么来了，好久不见了！

玛丽：
老王好！

董老师：
哈哈！玛丽，你不能叫他老王，如果你跟我年龄差不多，而且像我跟他这么熟，才可以那么叫。你该叫王老师。

玛丽：
真对不起，王老师！

8．是"老王"还是"王老师"？

在中国，只有上级对下级，长辈对晚辈，老师对学生，亲密的同事、同学、朋友之间，才可以直呼其名。称呼熟悉的人，多在姓前加"小"字或"老"字。叫年轻的下级或同级"小刘、小赵"；称年长的下级或同级"老王、老孙"。在中国人的传统意识里，对上级、长辈、老师直呼其姓名，或者只用"老、小"称呼对方的姓，都是不礼貌的表现。中国历来是一个长幼有序的国家，上级、师长的地位非常尊贵，不能轻慢，在等级观念鲜明的古代，直呼上级和师长的姓名甚至可以说是大逆不道的。那么，该怎么称呼他们呢？

一般来说，对上级，是根据对方所担任的职务来称呼，如"王校长""许院长"。对长辈，与祖父母年龄差不多的，可以称呼"爷爷""奶奶"。与父母年龄相仿的，可以称呼"叔叔""伯伯""阿姨"；也可以根据对方的职业、身份、职位等称呼，如"李主任""刘大夫"。对老师或知识分子，一般叫"老师"，也可以在"老师"前加上对方的姓；如果知道对方的职称是教授，也可以叫"教授"，如"董教授"。

另外，中国人的姓有单姓（一个字的姓）和复姓（不止一个字的姓）之分，单姓不能单独作为称呼，如，不能说"李，中午一起吃饭吧"，只能说"小李"，但是复姓可以，如"欧阳、东方、司马"。好友之间、上级对下级、长辈对晚辈、老师对学生可以只叫名，不叫

姓，如"国荣、德华"。但如果名字只有一个字，一般就不单称名，要连名带姓一起叫，如"李明"，一般不单称"明"，只称一个字不符合中国人的称呼习惯。

当然，当今的中国早已不像封建社会那样，必须严格避讳长辈的名字，但尊重师长却也是天经地义的。同时，还要具体情况具体分析，在尊重、尊敬的前提下，如果为了准确区分，或者在非正式场合表示亲近，直呼其名也还是可以接受的。

玛丽：
常听中国人叫我"老外",是说我看起来"老"吗?我才二十几岁啊。

王红：
不是,怎么会说你"老"呢,那是向你表示友好呢。

9. 叫我"老外",是说我老吗?

"老"作为一个前缀,多用于口语中。一是放在人的单音节姓氏前,用来称呼年纪较大的人或者比自己年纪大的人,如"老张""老李";二是放在"大""小"或除了"一"以外的个位数字前,表示排列的次序,如"她是老大,我是老二,弟弟是老小",就是说"她是大女儿,我是二女儿,弟弟是最小的孩子";三是放在表示人、动物的名词前,如:"老外、老乡、老公、老婆、老百姓、老师、老虎、老鼠"。

交/际/文/化/篇
Communicative Culture

　　表示人的名词，如果有"老"字前缀，往往带有亲切、亲昵的感情色彩。如"老乡"透着浓浓的同乡情，"老公、老婆"体现出夫妻之间那种深厚的爱情和依恋。

　　中国人敬老，"老"在年龄上是相对的，对30岁的人来说，40岁就算老了（虽然40岁正是中年），所以更准确地说，敬老是敬"长"。同样的话，年纪大的人可以说，年轻人不能说；同样的动作，如拍肩膀，年纪大的人拍年轻人的肩表示亲热和鼓励，而年纪小的人拍年纪大的人就是没有礼貌了。因此，中国人不忌讳说自己"老"，称年纪比自己

稍大的人"老张、老王"也很常见，但如果对方比自己年龄大得多就不能这样叫了。

说到"老外"，可以指两种人：一是外行，不懂某种业务技能的人，略带贬义，所以尽量不要说别人是哪个方面的"老外"，但可以用在自己身上，如"我电脑玩儿得还行，但谈起音乐，我就是老外了"；二是中国人对外国人的俗称，没有丝毫贬义。"老外"跟称呼"老王""老李""老乡"一样家常，可以说是把外国人当成了自己的家人一样看待，没有距离和隔阂，格外友善、亲热、随意，显示出中国人的幽默感和喜交友的性格特点。

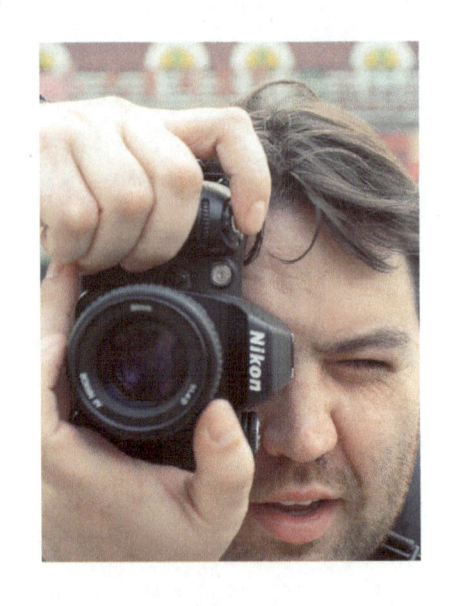

很多外国人也已经认可并乐于接受自己被称为"老外"了，我们也欢迎越来越多的老外来中国做客！

（玛丽和王红在饭馆吃饭，邻桌几个人在抢着付钱。）

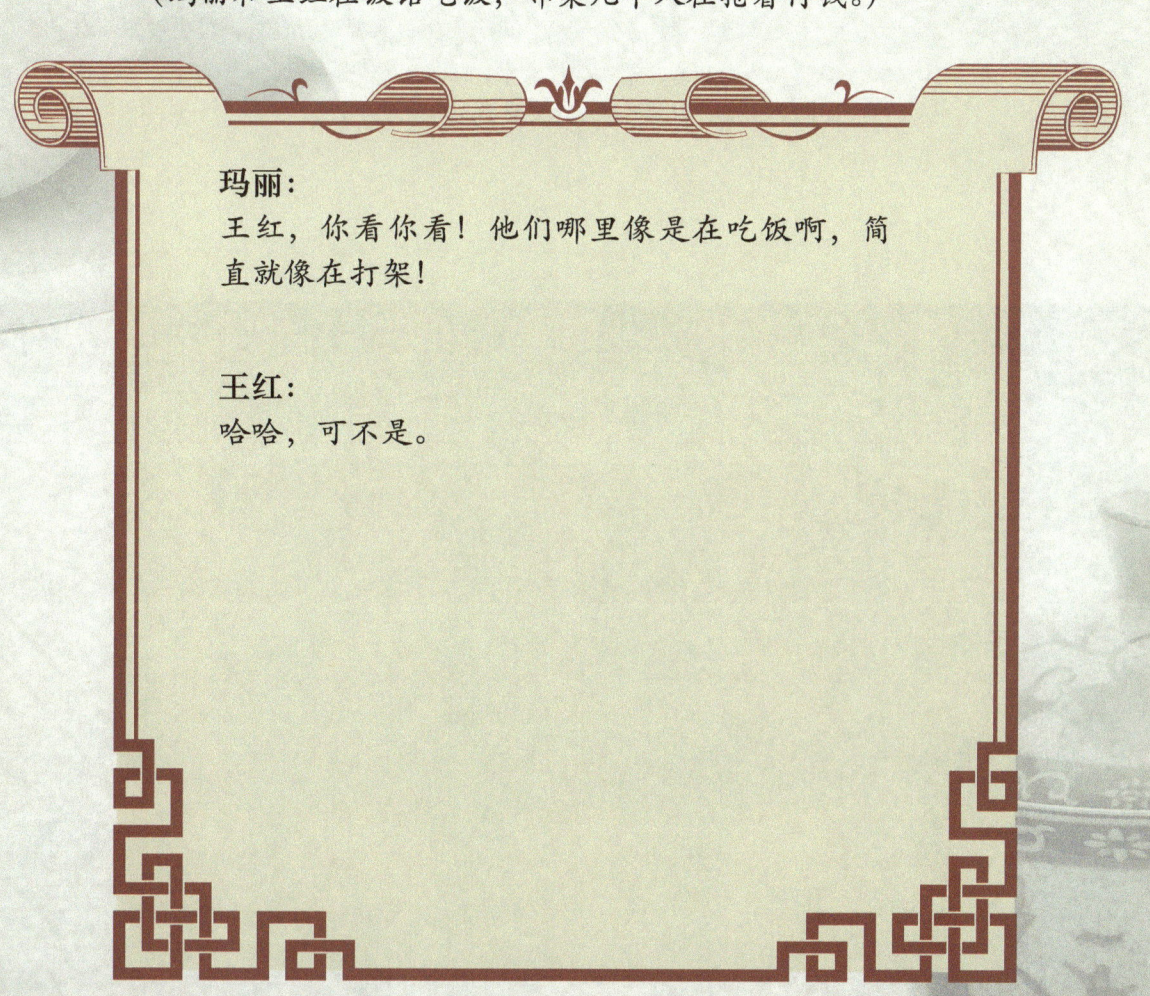

玛丽：
王红，你看你看！他们哪里像是在吃饭啊，简直就像在打架！

王红：
哈哈，可不是。

10．中国人吃饭怎么像打架？

中国人吃饭像打架？
这是一种有趣的错觉。

中国人是十分好客的，也喜欢在共同进餐中商谈事务、联络感情。中国人的一生不知道要参加多少宴席：孩子出生百天要设百日宴，过生日要吃寿宴，毕业要请谢师宴，结婚要摆喜宴，求人办事要请吃饭，洽谈商务要宴请合作伙伴，平时亲友相会更是少不了聚在一起吃吃聊聊。

交/际/文/化/篇
Communicative Culture

从开始入席就座、上菜、吃饭、喝酒,到酒足饭饱之后付账离席,整个过程至少要一个多小时。自谦又热情的中国人自始至终好像都在争执着什么。准备入席的时候,怎样安排座位就要经过一番推让,比较正式的宴席,都要请长者或者最尊贵的客人先入座,坐最重要的位置,而主客之间一般会推让客气,以示对对方的尊敬。然后,其他人才可以坐下。进餐时,每个菜上桌时,主人都应先请客人、领导、长者动筷,表示对他们的重视,之后其他人才开始吃那个菜。中国人还有使用公筷给客人或长辈布菜的习惯,或者把离客人或长辈远的菜肴

送到面前请他们享用；而受到照顾一方，自然还要客气一番。中国人爱热闹，进餐过程中如果各自都只顾埋头专心吃饭，沉默无语，这是很不礼貌的，每个人都要适时地抽空和左右的人简短交谈，以调节气氛，增进彼此的了解。用餐过后，该付账了，一般是谁张罗了这次宴请或聚会，就由谁来付钱。如果事先已经约好由某人请客了，就不要再和他争执，只表示诚挚的感谢就

交/际/文/化/篇
Communicative Culture

可以了；如果没有事先的约定，中国人一般都会争先恐后地去买单，抢着去付钱。大家都想慷慨解囊，不愿意"白吃"，只吃而不花钱，很没有面子，而且心中有愧。这样的"争抢"通常要持续几分钟，直到决出一位"胜者"，说服大家由他请客，他也会因此感到高兴和满足。而其他人，则会在连声说"谢谢"的同时，考虑着日后找个机会回请对方。

总之，在整个进餐过程中，中国人的宴席都是热热闹闹、欢声笑语的，偶有"争吵"和"争抢"，也是为了争得照顾别人、招待别人的主动权，不希望给别人添麻烦，都愿意自己多拿出一些。虽然可能为此"脸红脖子粗"，其实都是中国人好客、爱面子、慷慨大方的体现。

谈到付费方式，还有两种情况：一是参加宴席的人们如果是常常聚会的小团体的话，通常大家轮流请客，这次他请，下次另一个人请。二是AA制，参加宴席的人们平均分摊饭费，这显然是接受了外国付费方式的影响。这种付费方式现在也很常见了，它的好处是人们互不相欠，吃得心安理得，没有任何压力和顾虑。不过，这两种方式都是用于年龄差不多的人们之间，座中没有师长和领导。

在中国，不只是吃饭，亲友们一起出去游玩休闲，都不会各人只付各人的账，一般都主动替别人付钱；要是算得太清楚了，彼此就好像是陌生人似的，不像朋友了。所以往往一个人付了钱，其他的人会另找机会或方式回报，比如这个人拿交通费，另一个人就掏住宿费。

（玛丽在王红家吃晚饭。）

王红：
玛丽，真不好意思，都是些家常便饭，你吃好了吗？

玛丽：
真是太饱了！每次中国朋友请我去家里做客，都像你一样说只是家常便饭，实际上却丰盛极了，为什么呢？

11. "家常便饭"怎么这么丰盛?

很多外国朋友都有这样的困惑,去中国人家里做客时,主人很热情地说"不好意思,准备了一点儿**家常便饭**"。老外嘴上说着没关系,心里还在期待:中国人平时在家都吃些什么呢?真想看看、尝尝,地道的中式家常菜跟西式家常菜有什么不一样。结果,哇,端上来满满一桌子的美味佳肴,这就是所谓"家常便饭"啊?简直是一顿大餐,中国人真的每顿饭都是这样吃的吗?不会吧?

交/际/文/化/篇
Communicative Culture

原来，中国人待客时对客人所说的"家常便饭"，其实名不副实，一点儿也不家常，每一样都是为客人精心准备的。中国人十分好客，对客人极为热情周到。中国人请客，一般喜欢在家里设宴款待，觉得在家里招待客人，才是最诚心的。由主人和他的家人亲自动手做的饭菜，虽然可能没有专业厨师做的那样美味，但主人表现出的这份真诚、信任，主宾在家里共同就餐的那种自在、随意、无拘无束却是极为难得的，这无疑也更有利于彼此的感情交流。

真正的家常便饭是什么？中国人的一日三餐，早饭比较简单，人们经常喝豆浆、粥、牛奶，吃油条、馒头、鸡蛋、面条等食物，配小咸菜；午饭一般都在学校和工作单位吃，晚饭全家人才会坐在一起。人们根据家庭人数的多少准备菜，一般主食是米饭和馒头等面食，菜讲究荤素搭配，鱼、肉、蛋、奶、豆、蔬菜都是常见的食材，西红柿炒鸡蛋、红烧肉、家常豆腐等是中国人家庭餐桌上常见的菜。中国人大多

交／际／文／化／篇
Communicative Culture

比较节俭，如果是三口之家，最多也就是三菜一汤而已。但是待客就完全不同了，非得十个盘子八大碗，使出浑身本领做一桌子菜才对得起客人。要是把真正的家常便饭拿出来让客人吃，那就有些不懂礼貌、显得小气了，不但别人会笑话，自己也觉得说不过去。

同样是请客，同样真诚热情，但中国主人和西方东道主的行事风格大不相同。中国人请客人动筷子时，往往客气地说"一点儿家常便饭，没什么菜，凑合吃吧"。这是客气话，一方面是中国人谦虚的体现；另一方面，也是希望对方随意，不必拘礼，不要有心理压力。而西方人却常常说："这是我的拿手好菜，请品尝。"当然，这里绝不是自夸，而是想表明我是用最好的来接待你的，希望得到你的认可。思维方式的不同决定了行为的差异，了解了这一点，就明白中国人为什么说的和做的不一样了。

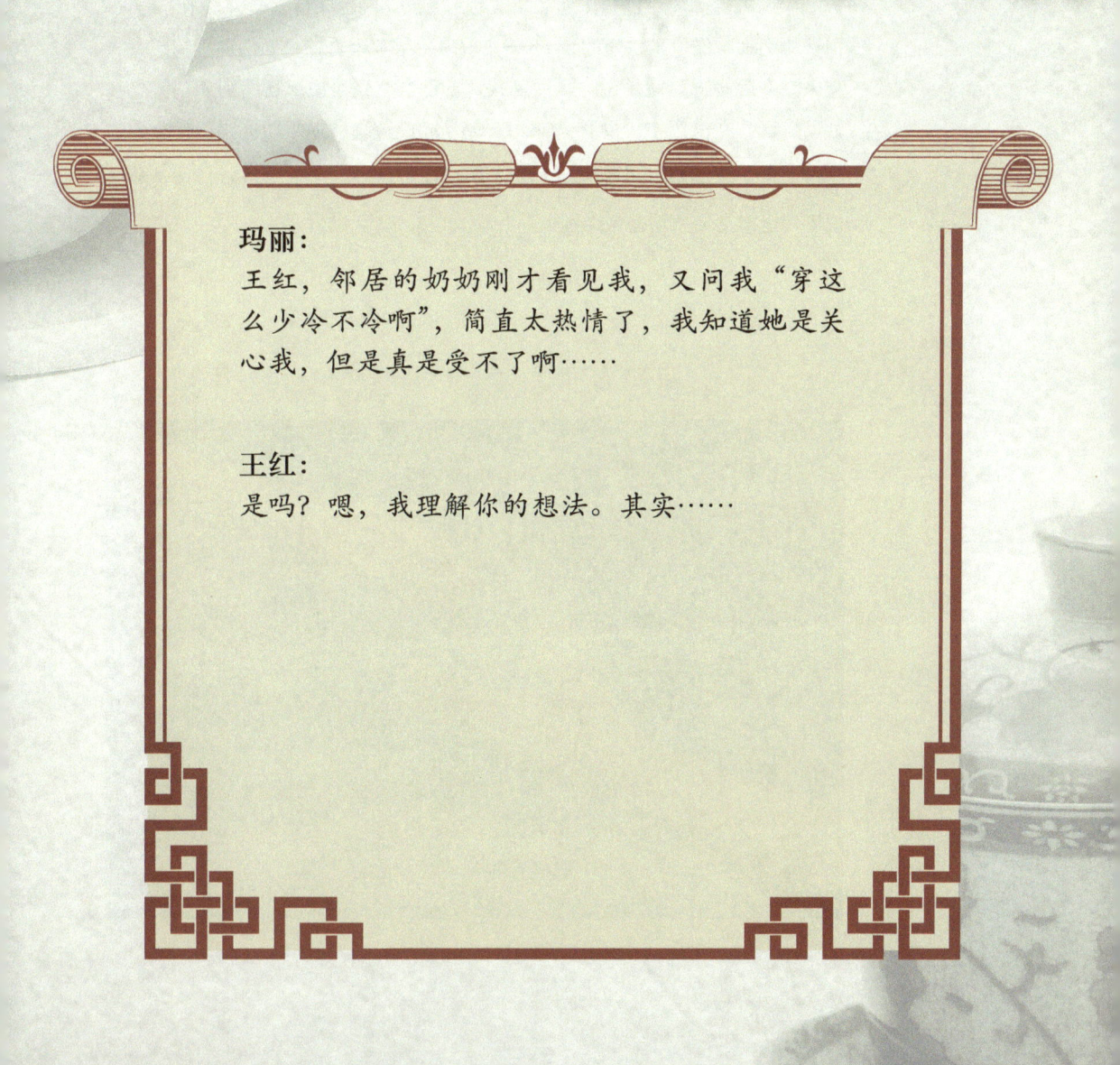

玛丽：
王红，邻居的奶奶刚才看见我，又问我"穿这么少冷不冷啊"，简直太热情了，我知道她是关心我，但是真是受不了啊……

王红：
是吗？嗯，我理解你的想法。其实……

12. 中国人怎么这么热情？

中国人的热情，首先体现在爱帮助别人上。中国人待人友善，乐于助人，把帮助别人看作是最快乐的事。"赠人玫瑰，手有余香"是人们追求的一种人与人的交际境界。就是说，帮助别人，自己也感到愉悦；帮助别人，就是在帮助自己。在汉语中，没有"Can I help you？"（我可以帮助你吗？）这样的表达，有人求助时，中国人会热情地伸出援手，而且在没有被请求的情况下，也常常会主动去帮助别人。

57 交/际/文/化/篇
Communicative Culture

中国人很热情好客。儒家文化讲求"有朋自远方来，不亦乐乎"，就是说，有朋友从很远的地方来，是多么快乐的事情啊！看来，中国人热情好客古已有之，是个传统。对来自世界各地的外国朋友们，中国人都满怀热情，给以关怀。

但是，由于中外文化的差异和生活习惯的不同，"热情"有时也会出现一些小问题。

在中国生活，外国朋友可能会遇到一些过度热情的例子，比如在路上被热情地"注视"，甚至偶尔还被小声议论；商场购物时，服务员一直跟着热情地介绍。无疑，这些中国人是善良友好的，如果遇到这类情况，外国朋友不要觉得太尴尬。

路上遇见朋友，中国人问"你去哪儿"，是习惯性的问候，并不是

在打探别人的隐私；中国人随意的一句"你吃饭了吗"，也是常见的打招呼方式，并不是要邀请对方吃饭；中国人关心地嘱咐"天冷，多穿点儿"，是对朋友表示关心，并非干涉他人的私生活；中国人在餐桌上，热情地给别人夹菜，是希望外国朋友能尽情享用美食，是中国的待客之道，完全没有不顾他人的口味或不尊重他人饮食习惯的意思。

对中国人来说，和外国人交往的时候，应该注意适度热情，尊重他人的文化习惯，只有把握好"待客热情"和"文化差异"的分寸，才能让外国朋友真正有"宾至如归"（就是说客人来到这里就好像回到自己的家）的感觉；而作为外国人，多了解一些中国文化的有关知识，坦诚地沟通，相信一定能更好地与中国人相处，融入中国人的生活。

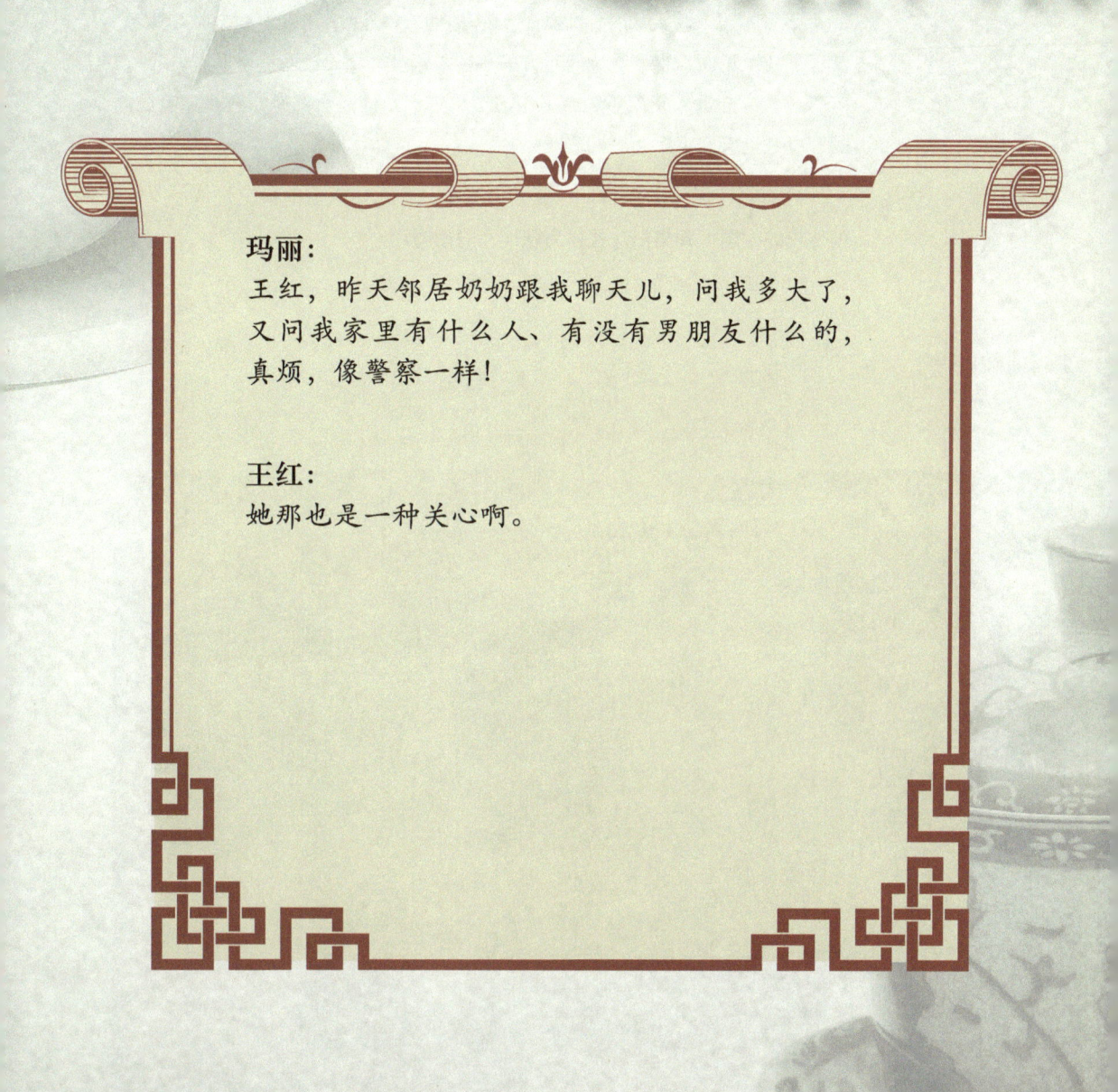

玛丽：
王红，昨天邻居奶奶跟我聊天儿，问我多大了，又问我家里有什么人、有没有男朋友什么的，真烦，像警察一样！

王红：
她那也是一种关心啊。

13. 她为什么像警察一样？

很多中国人聊天儿时，尤其是年纪较大的中国人，即使对对方并不熟悉，甚至是初次见面，也喜欢询问对方的年龄、籍贯、婚姻或者恋爱状况、收入，等等。这让外国人招架不住，很不习惯。怎么？他是警察吗？还是保险公司的？真是爱管闲事！

这真是个天大的误会！在西方人看来，个人和家庭的情况是**隐私**，但传统的中国人却常把这些作为聊天儿的话题。

交/际/文/化/篇
Communicative Culture

中国人的热情好客是出了名的，就算是初次见面，也往往能让对方有一种一见如故的亲近感。他们把对方当作自己的家人一样去关心，对家人，有什么不可以问的呢？这种交际风格能够迅速拉近彼此间的距离，建立起深厚的情谊。

先说说为什么中国人爱问别人的年龄。中国人从传统上讲究长幼有序、尊卑有别，常常要根据对方的年龄、社会地位来选择称呼和谈话的方式，以避免在交谈中说些不合适、无礼或伤害别人的话。所以，中国人初次见面时常常互相询问这些方面的情况，是为了互相了解，让谈话顺利地进行下去。时间长了，就形成了一种习惯。

在初步了解之后，如果对方有官衔职位的，就会称呼对方的官衔职位，如"王校长""赵院长"；知道对方年龄辈分的，就会根据辈分长幼称呼，如"王姨""李叔"；而在完全陌生的两个或多个年龄差别不大的平辈人交往当中，要区分出尊卑长幼，就只有也必须问相互的年龄了，清楚年龄了，自然就知道应该怎么称呼了。你看，一个姓王的中国人，该称呼他"老王"还是

"小王",是叫"王老师"还是"王教授",是叫"王院长"还是"王师傅",解决这个简单的称谓问题需要了解这个人的年龄身份之后,才能找到正确的答案。

一般来说,常常这样做的多半是长辈,因为和晚辈相比,中国人通常觉得长辈拥有很多特权,他们说话不必顾忌太多,他们也有责任去主动了解、关心晚辈,这是中国人尊老爱幼传统美德的体现。因此一般来说,年纪大的人更喜欢问对方的年龄以及其他一些个人情况,这并非是有意去探问别人的隐私,而是出于热情和亲近,是中国传统的一种基本处世心理。

中国人不但会问年龄,还会问籍贯、出身甚至社会关系(最基本的就是问父母是做什么的,在哪里读书的)、工资收入等等。这些问题固然没有恶意,是为了更好地迅速地了解对方,但这种过分的热情确实让人烦恼。现在越来越多的中国人,特别是年轻人早已认识到这一点,如果没有达到一定的亲密程度,不会再问别人的年龄、收入和家庭背景了。可是年纪大的人,还是会问得比较多。

（班级聚餐，王红和玛丽准备向董老师敬酒。）

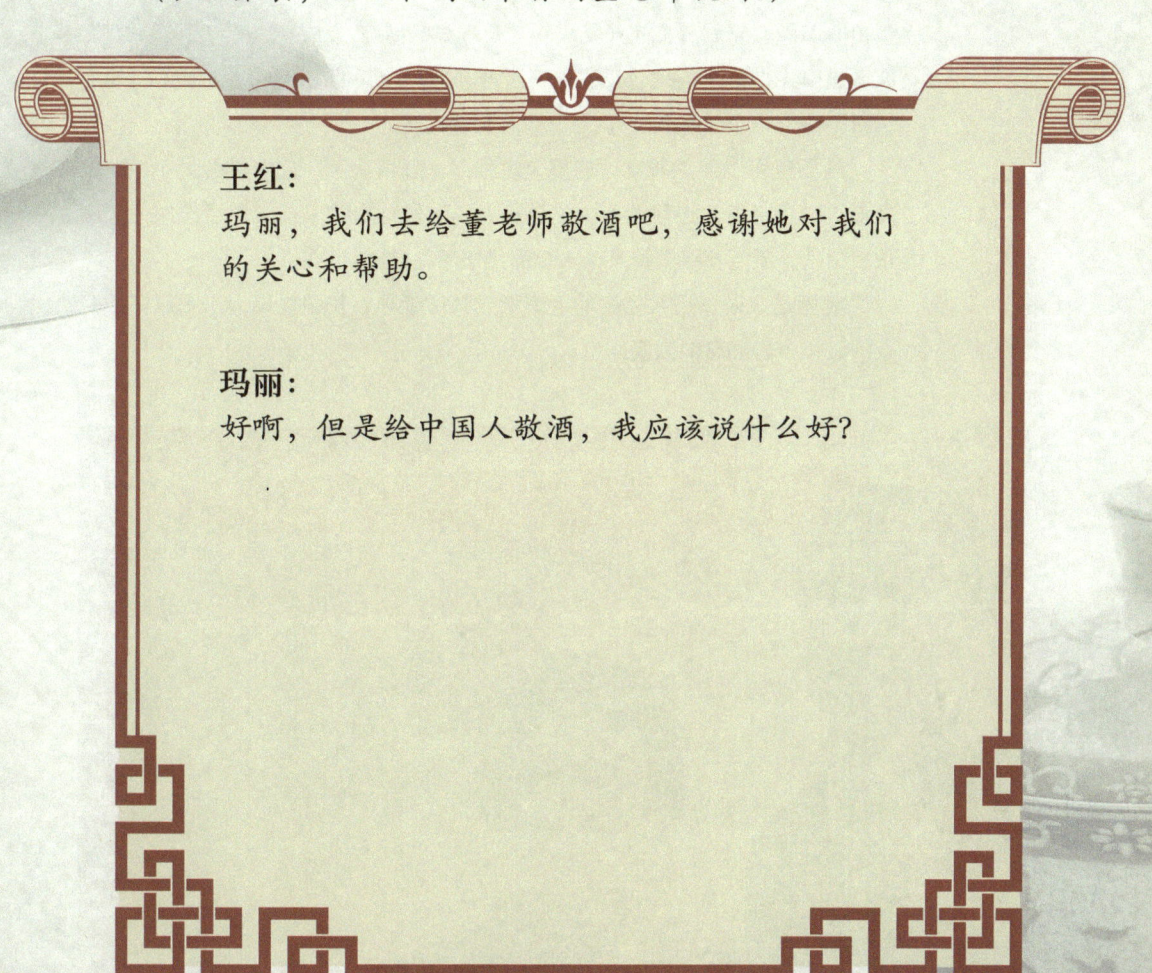

王红：
玛丽，我们去给董老师敬酒吧，感谢她对我们的关心和帮助。

玛丽：
好啊，但是给中国人敬酒，我应该说什么好？

14．在中国，怎么祝酒？

中国人的热情好客，在祝酒文化中可以得到淋漓尽致的体现。

酒席上，在宾主入座后、用餐前，常常由男主人向来宾提议，提出某个事由而饮酒，然后酒宴才算是正式开始。在饮酒前，通常要讲一些祝福的话，或者是事先准备好的比较正式的祝酒词，如"为我们的合作顺利干杯""祝各位新年快乐，心想事成"，但是一般都比较简短。

敬酒也可以伴随着宴席的整个过程。一般情况下，应以年龄大小、职位高低、宾主身份为先后顺序，先敬长者、地位尊贵的人士，然后按座位顺序依次相敬，千万不要漏掉某个人，那是极不礼貌的。

宴席结束时，通常宴席的组织者或某位领导、长辈提议大家喝尽杯中剩余的酒，宣告宴席的圆满结束。

交/际/文/化/篇
Communicative Culture

在中国，传统意义上的"干杯"是在酒杯相碰后一饮而尽，把杯子里的酒都喝光。西方的祝酒有所不同，西餐用来敬酒、干杯的酒，多为香槟。而且，只敬酒不劝酒，有时只举杯示意相敬但并不真正碰杯，敬酒后喝多喝少随意。中国人敬酒时，往往都希望对方多喝点儿，表示自己尽到了主人之谊。客人喝得越多，主人就越高兴，说明客人看得起自己；如果客人不喝酒，主人就会觉得有失面子。劝人多饮，一方面表达了敬酒人的真诚，希望对方喝好喝够，尽情尽兴；另一方面也可以活跃酒宴的气氛，为饮酒者助兴。但是，把喝酒的多少和双方感情的深浅生硬地联系到一起，说什么"感情深，一口闷；感情浅，舔一舔"，强迫别人喝酒，甚至灌醉对方，这种做法就不太文明了。

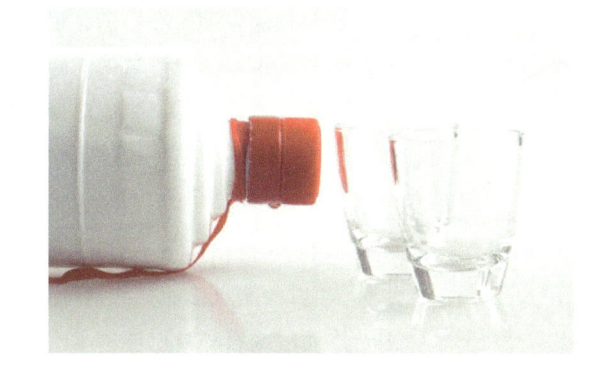

随着时代的发展，在中国，现在"干杯"也并不一定要喝干杯中的酒了。有人提议干杯后，要手拿酒杯起身站立。即使不能喝酒，也要拿起杯子做做样子，不扫对方的兴。将酒杯举到眼睛高度，说完"干杯"后，根据自己的实际情况，将酒一饮而尽或只喝自己能够承受的量。然后，还要手拿酒杯与提议者对视一下，整个过程才算结束。

此外，干杯也并不一定要碰出响声，可以象征性地和对方碰一下酒杯。碰杯的时候，应该让自己的酒杯低于对方的酒杯，表示对对方的尊敬。如果离对方比较远，不便探身过去碰杯，也可以用杯底轻碰桌面，或者举杯示意。

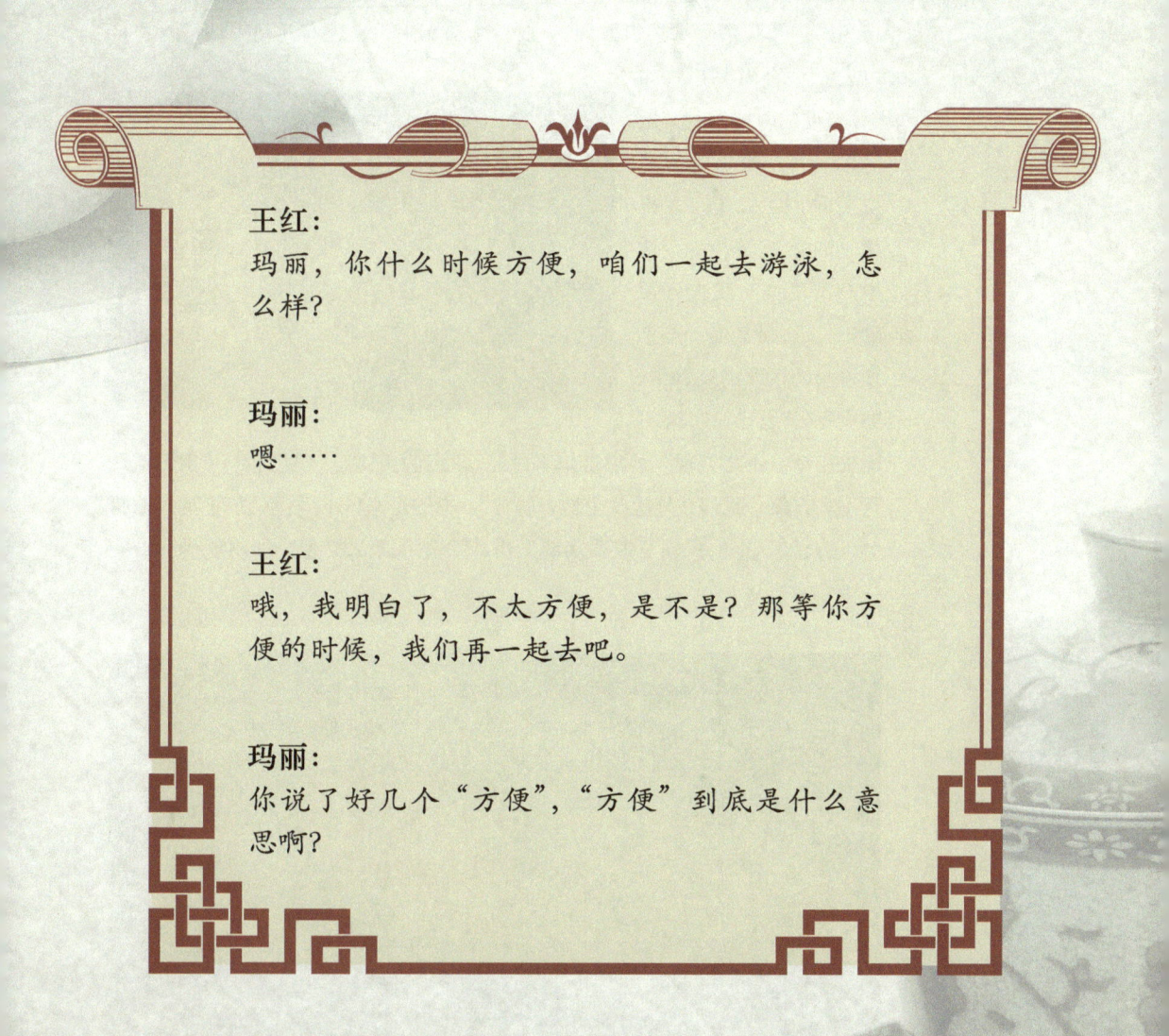

王红：
玛丽，你什么时候方便，咱们一起去游泳，怎么样？

玛丽：
嗯……

王红：
哦，我明白了，不太方便，是不是？那等你方便的时候，我们再一起去吧。

玛丽：
你说了好几个"方便"，"方便"到底是什么意思啊？

15. 这个"方便"是那个"方便"吗?

"方便"最常用的意思是做事情不麻烦、没有困难,如"我家离菜市场很近,买菜买水果很方便"。在日常交际中,它还有几个用法:一是可以表示适合做某事,如"你方便的时候来我家做客吧","方便"指的是空闲时间。二是"大小便"的委婉语,如"这里有洗手间,我去方便一下"。三是其他一些不便说明的情况的委婉语,如女孩子说"我今天不能去游泳,不太方便"意思是她来月经,处于生理期,不能游泳;"家里这几天不太方便,我们在外边找个地方聊吧",指的是家里不适合双方交谈;"他腿脚不方便",指的是他下肢残疾或受伤;"我手头不太方便,能不能借我一些

钱"，指的是经济紧张、缺钱。

委婉语是指说话时为了避免直接提到让人尴尬、惹人讨厌的事物和行为，人们使用的较为含蓄的语言表达方式。这样说的目的是避俗求雅，减少对听话人的刺激，用来保持良好的人际关系，促进言语交际的正常进行。

生活中，一些不便直言的生理行为或现象，常使用委婉语。如大小便等，若直说就比较刺耳、粗俗，委婉地表达一般说"方便""去洗手间／卫生间"等；女子来月经，除了在医院里等少数场合外，一般会委婉地用"来例假"等词语隐晦地表示；女子怀孕，以前常被说成"有了""有喜了"等。

关于死亡，也有很多委婉的表达方法，如"走了""不在了""没了""老了""去世""作古""过世"等。

对于长相或者身材上的缺陷，人们往往也使用委婉语。如："富态""发福"或"丰满"是说身体肥

胖;"腿脚不方便"是说下肢残疾;"肤色健康"是说肤色较黑;"小巧玲珑"是说个子较矮等。这样说充分表现出对人的尊重及语言的文明、得体。

对于某些不良的社会现象,也常避开直言,采用委婉的说法。如"三只手""手脚不干净"指代小偷或有这类毛病的人;用"作风问题""绯闻""桃色事件"指代不正当的男女关系;用"失足青少年"指代青少年罪犯;用"进去了""出事了"指代被拘捕或坐牢。

学会委婉语,你说"不方便"的话时就会"方便"多了!

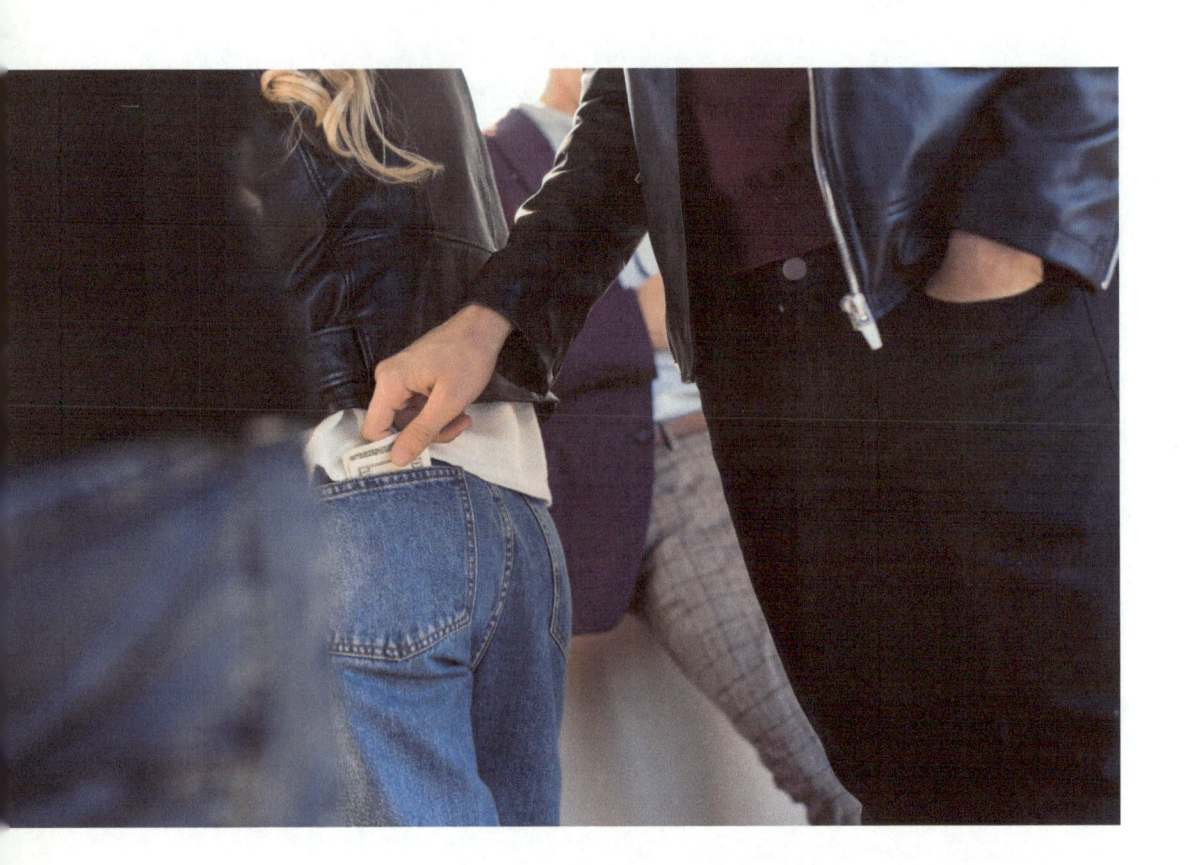

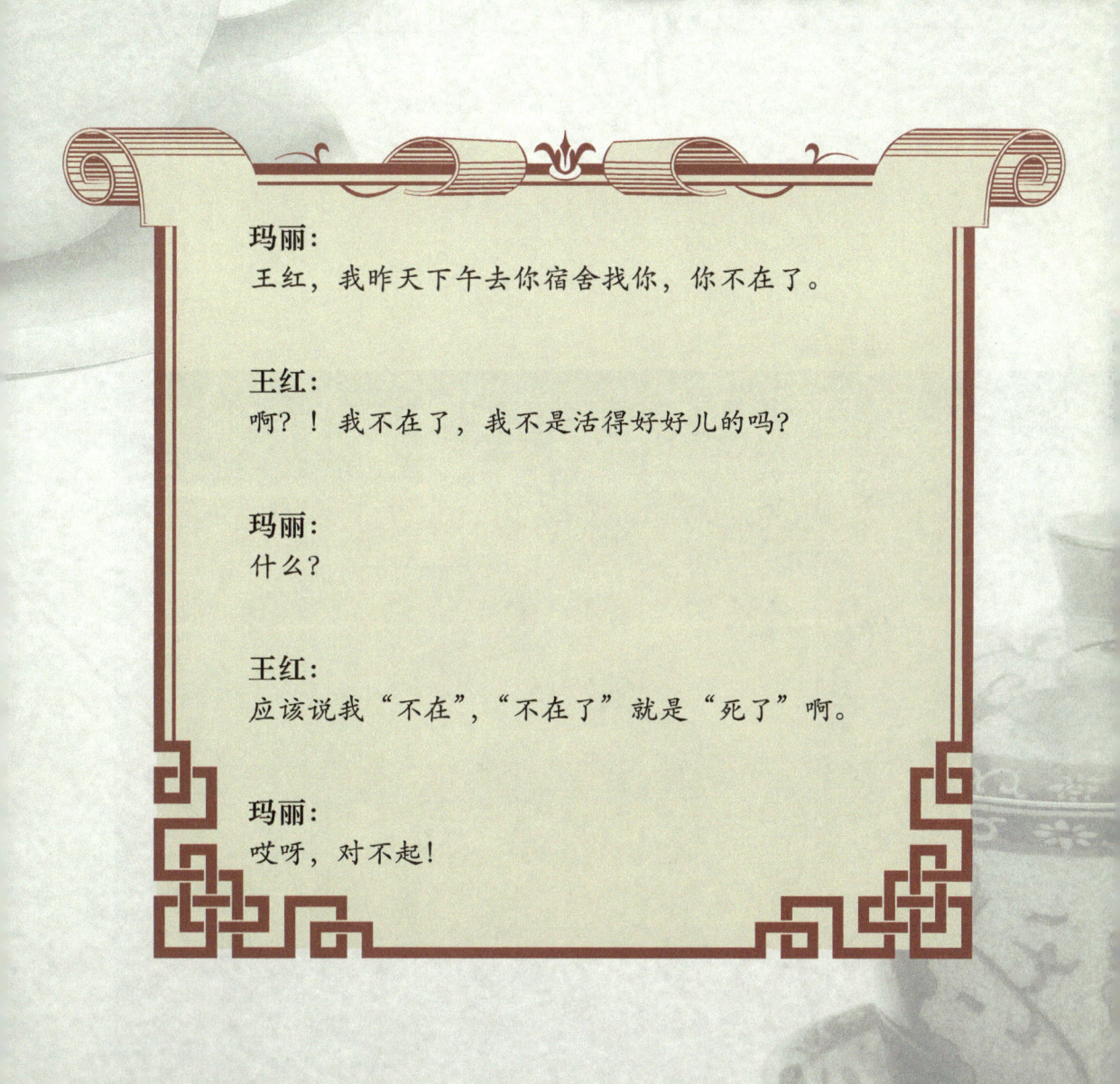

玛丽:
王红,我昨天下午去你宿舍找你,你不在了。

王红:
啊?!我不在了,我不是活得好好儿的吗?

玛丽:
什么?

王红:
应该说我"不在","不在了"就是"死了"啊。

玛丽:
哎呀,对不起!

16. "不在"还是"不在了"？

"**不在**"和"**不在了**"意思完全不同。"我去宿舍找你，你不在"，是说"你不在宿舍里"，这时候千万不能说"不在了"，因为"不在了"的意思是"死了"，不在这个世界了。要是把别人说"死"了，人家不生气才怪呢！

交／际／文／化／篇
Communicative Culture

死亡，总是伴随着痛苦，伴随着悲伤的，人们对于"死亡"的态度，绝大多数是厌恶的、恐惧的。在古代，人们相信神主宰着人的生死命运，认为只要不说"死"字，似乎死神就不会降临到自己身上。因此对死亡，历来就存在表达上的禁忌。世界上的许多语言都有关于"死亡"的委婉语，汉语也是如此。普通人的死亡，中国人称为"走了""不在了""没了""老了""不行了""完了""咽气""去世""作古""过世""故去""就木""永别""逝世""辞世"等；英雄的死亡，称为"牺牲""就义""捐躯""殉国""殉

职"等；坏人的死亡，口语中常说"翘辫子""见阎王""完蛋"等。现代汉语中也有一些关于"死亡"的委婉语句，如："心脏停止了跳动""永远地闭上了眼睛""永远告别了这个世界""走完了人生的路程"等。人们之所以把"死"字隐去，代之以这些委婉语，一是为了避开这个可怕的令人恐惧的字眼，二是表达对死者的怀念和尊重。

人们不仅忌讳说"死"，对与"死"有关的事物也同样忌讳，这些事物也都有相应的委婉语。如：人们称棺材为"寿木"，称死者穿的衣服为"寿衣"，称停放遗体的房间为"太平间"。使用"寿""太平"这样的吉利词，一是为死者祈福，二是减轻生者的悲伤和恐惧。

"不在"和"不在了"，一个有"了"，一个没有"了"，一字之差有这么大的不同，千万要小心啊！

（圣诞节，玛丽送给王红一件礼物。）

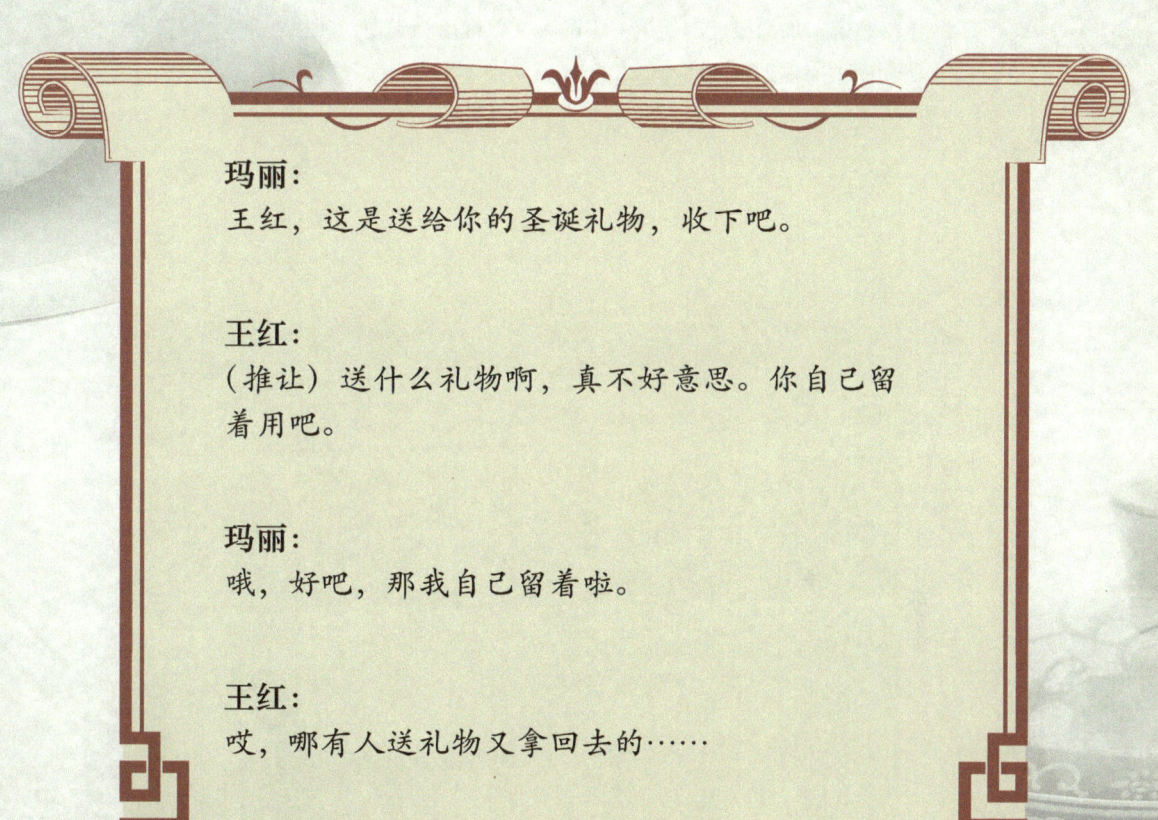

玛丽：
王红，这是送给你的圣诞礼物，收下吧。

王红：
（推让）送什么礼物啊，真不好意思。你自己留着用吧。

玛丽：
哦，好吧，那我自己留着啦。

王红：
哎，哪有人送礼物又拿回去的……

17．送礼物时，应该不应该一再坚持？

中国人喜欢说"千里送鹅毛，礼轻情意重"，礼物是否值钱不重要，让人感动的是走了千里万里，远道而来送礼物的那份心意。**送礼**是为了联络感情，加深彼此的情谊。中国人又以谦虚为美德，所以在送礼物时，态度、动作和语言表达上都要注意自谦。

无论礼物是不是贵重，都要说"这是我的一点儿心意，请您一定收下"，"礼物微薄，不成敬意，请笑纳"，"这是一点儿小意思，留个纪念吧"。在对所赠送的礼品进行说明时，常说"一点儿心意""小意思""不是什么贵重东西"，不强调礼物的实际价值，而是强调自己为什么送礼物。强调自己对对方所怀有的好感与情意，如"感谢您这段时间的帮助"，"老师对我像妈妈一样"，让对方觉得受之无愧，避免给对方造成心理压力和不必要的顾忌，更不会让对方有收受贿赂的感觉。如果在赠送时，以一种近乎骄傲的口吻说："这是很贵重的东西，很难买到呢"，给人的感觉是居高临下的，这是非常失礼的，会让人很反感。

平和、友善、落落大方的举止，有礼貌而又得体的语言表达，才是受礼方乐于接受的。

中国人的交际风格一向谦虚恭谨，送礼者要自谦，受礼者也同样要自谦。中国人一般不会马上接受馈赠，一定会有一番推辞，如"你的心意我领（接受）了，东西你拿

回去吧""来就行了，带什么礼物啊"等等。送礼者应该有这个心理准备，这时候，就应该再次强调自己送礼的真诚心意，以情动人，说服对方安心地接受礼物。如果不了解这一点，在对方刚一推辞之后便真的不再送了，真的拿回去自己留下用了，那就太可笑了。不但没达到借送礼表示心意的目的，而且可能会造成误会，给双方的关系带来阴影，那就真的是费力不讨好了。

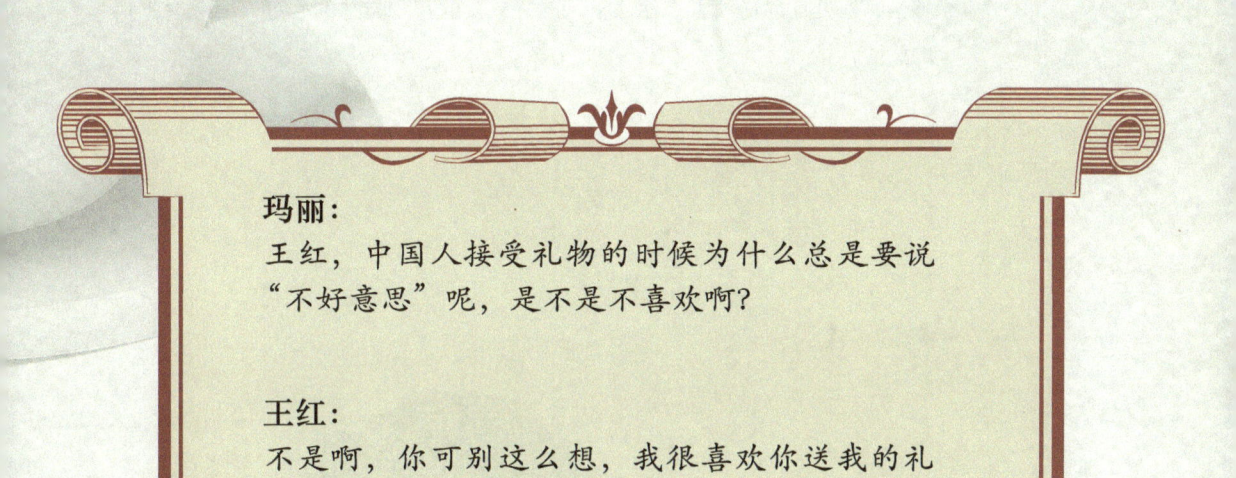

玛丽：
王红，中国人接受礼物的时候为什么总是要说"不好意思"呢，是不是不喜欢啊？

王红：
不是啊，你可别这么想，我很喜欢你送我的礼物呀！

18．中国人接受礼物时为什么要推辞呢？

在中国，受礼和送礼一样，都是很有讲究的。成功的受礼行为，能够恰到好处地向送礼者表达敬重、友好或其他某种特殊的心意，加深彼此间的感情。

交/际/文/化/篇
Communicative Culture

受礼者和送礼者一样，在整个交际过程中要自谦。在对方送上礼物时，一般不会马上接受，一定会推辞一下，客套几句，如"你的心意我领了，可是礼物我不能收""带什么礼物啊"，这是跟中国人生性内敛、行事谦虚谨慎密切相关的。很多人觉得，接受礼物应有充分的理由，否则就不会心安理得。但是，同时也要注意不能过分推辞，没完没了地推来推去会令送礼者尴尬，伤害送礼人的感情和面子，这是受礼行为中的一个禁忌。适当推辞后，就该收下礼物，说"让您破费了，您太客气了""送我这么珍贵的礼物，我真是不好意思"等等。

对是否应该当面打开礼物，中西方文化也有很大不同。西方的习惯是当面打开礼物，欣赏并说感谢的话，如"我很喜欢"或"我正需要这个"，总之，一定要有对礼物的

及时评价和反应才够礼貌。而中国人的情感比较含蓄，一般不会在受礼之时当着送礼者的面把礼物打开，要待送礼者离开之后再打开。中国人认为当面打开礼物，会被看作重物不重人，没有教养。同时，这样也是对送礼者的尊重，避免因为礼物不合适或者其他原因可能出现的尴尬。

现在的中国人接受礼物时，会根据实际情况，尊重送礼一方的意见，如果明显感觉到对方期待自己当面拆开礼物，或者直接征得送礼者的同意，就会马上拆开，如果对方希望暂时先不要打开，就留待以后再拆。但不管什么时候拆礼物，都要向送礼者致谢，与送礼者说礼物是"小意思""一点心意""微薄"正相反，要对所送的礼物进行一番赞美，如"太贵重了""您一定破费了""太适合我了""很漂亮""我很喜欢"等等，尽快使用并让对方看到，这样，送礼一方会非常高兴。

（王红帮玛丽给董老师挑选生日礼物。）

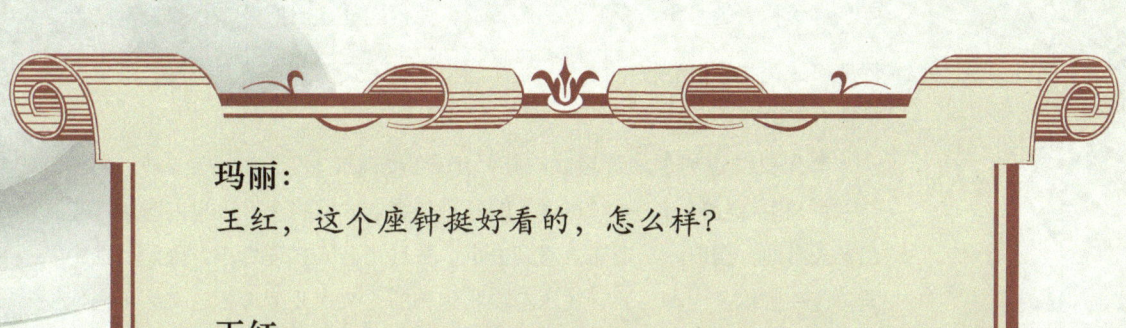

玛丽：
王红，这个座钟挺好看的，怎么样？

王红：
哎呀，这可绝对不行！

玛丽：
为什么？我觉得挺实用挺漂亮的呀！

19."钟"为什么不能当礼物?

  朋友过生日要送礼物,逢年过节访亲友要送礼物,求人办事要送礼物,探望病人要送礼物……送礼的目的无非是沟通彼此,加强感情。选择礼物时,应了解受礼者的身份、爱好、民族习惯,免得送礼送出麻烦来。要是辛辛苦苦选来的礼物,触犯了中国人**送礼的禁忌**,让对方不满,那可真是费力不讨好。
  首先要注意的是谐音造成的礼品选择的禁忌。不能给个人送钟,因为"送钟"和"送终"谐音,"送终"的意思是在老人即将离开人世的时候,守在老人身边,照料、护理老人直到去世,并且为老人料理后事。因此,在中国,送钟可以是一种诅咒,表示希望收到钟的人快点儿死掉,这多么可怕!

交/际/文/化/篇
Communicative Culture

不过，把钟作为礼物送给某单位却是可以的。在中国，毕业生或校友集体送钟给母校作为纪念物是很不错的选择。造型优美又实用的大座钟摆在学校的大厅里，非常有纪念意义。

在中国，除了不能送钟，还不能送梨，尤其是去探望病人时。因为"梨"和"离别"的"离"谐音，难道你想早些跟对方离别吗？尤其是在对方生病的情况下，身体衰弱，心情也不好，看见梨难免会多想。不能送伞，因为"伞"和"散"也是谐音，除非你想跟对方绝交，不然一般是不会送伞的。

"送终""离""散"这些词语都会让人产生不吉利的联想，在中国送礼时应该注意，避免引起对方的不满和误会。

其次，礼物本身不要含有不吉祥的意义。如不能送菊花，因为白菊花多用于丧礼，表示哀悼。清明节或逝者的忌日时，人们都要在墓前献上一束黄色或白色的菊花，表示对故人的怀念。这样的花，怎么能送给活着的人呢？还有，一般不能送给健康的人药品。

另外，要注意某些礼品有特殊意义，不能随便送人。不能送异性内衣等贴身物品，除非你们是情侣；不能送普通的异性朋友玫瑰花，因为玫瑰花象征着爱情，如果你不想跟对方进一步发展感情，就不要这样做，以免引起不必要的误会。

最后，还要考虑受礼者独有的禁忌。如对方患有糖尿病，就不宜送含糖量高、糖尿病病人禁食的食品；对方不抽烟，不喝酒，就不宜送烟酒。

此外，从送礼物的数量上来看，中国普遍有"好事成双"的说法，因而凡是大贺大喜之事，所送的礼物，一般多是双数。

（玛丽要回国过暑假，王红来机场送她。）

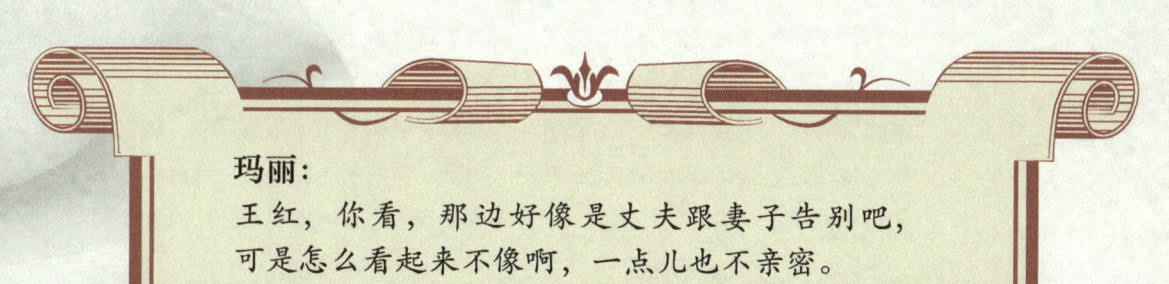

玛丽：
王红，你看，那边好像是丈夫跟妻子告别吧，可是怎么看起来不像啊，一点儿也不亲密。

王红：
嗯，有什么奇怪的？中国人一般不会在这么多人面前表示亲密的。

20．不当众表示亲密，是因为他们不相爱吗？

中国人表达感情的方式，从语言到行为，都是比较**含蓄、委婉**的，决不轻易表露感情。"喜怒哀乐不形于色"，就是说不管是高兴还是愤怒，不管是悲哀还是快乐，都不能轻易表现在脸上。人们通常避免在公共场合大哭大笑，认为这样有失风度，很不雅观，是没有修养的表现。

对中国人的含蓄，有些外国人不太理解，甚至产生了某些误会，认为中国人太冷漠，太严肃，不够重视感情。的确，传统的中国夫妻、情侣间一般不会当众示爱，甚至羞于说爱，一般不直接表露感情。即使是分别或者久别

交/际/文/化/篇
Communicative Culture

重逢这样特别的时刻，他们一般也不会在公共场合热烈拥抱或深情亲吻，如果这样做，恐怕会招来旁人白眼，被认为不正经。父母（特别是父亲）对孩子，也是如此；成年的子女对父母也羞于直接表达感情，不会随时随地把"我爱你""谢谢"挂在嘴边，也很少拥抱，但这并不意味着他们之间爱得不深。中国人性格沉静内敛，偏于内向、保守，含蓄委婉，心里想的未必会说出来，他们信奉"沉默是金"，直接说"爱"让他们觉得难为情，觉得矫情。同说相比，他们更愿意去做，觉得行动比语言更有力量，更愿意并且倾向于用行动来表达对

对方的爱和关心。这种爱，可能不够浪漫，但贵在深沉和永恒。

当然，随着时代的发展，中国人也受到了西方文化的影响。现在的中国年轻人个性越来越张扬，表达感情也更加直接。人们认识到，爱要及时说出来，对方才知道；说和做同样重要；爱不但要能感受到，还要能听到。近年来电视相亲节目的流行就很好地说明了这一点，人们勇于当众示爱，也勇于当众接受和拒绝爱了。即便如此，人们在公共场所的举动也还是有一定保留。

中国人的含蓄也表现在衣着穿戴上。传统中国人的观念比较保守，不喜暴露，但受外来文化、观念的影响，人们的衣着越来越鲜艳，式样也越来越丰富多彩、大胆开放，但在传统的中老年人的观念里，衣着还是不要过于暴露和标新立异。

（玛丽和王红在逛街。）

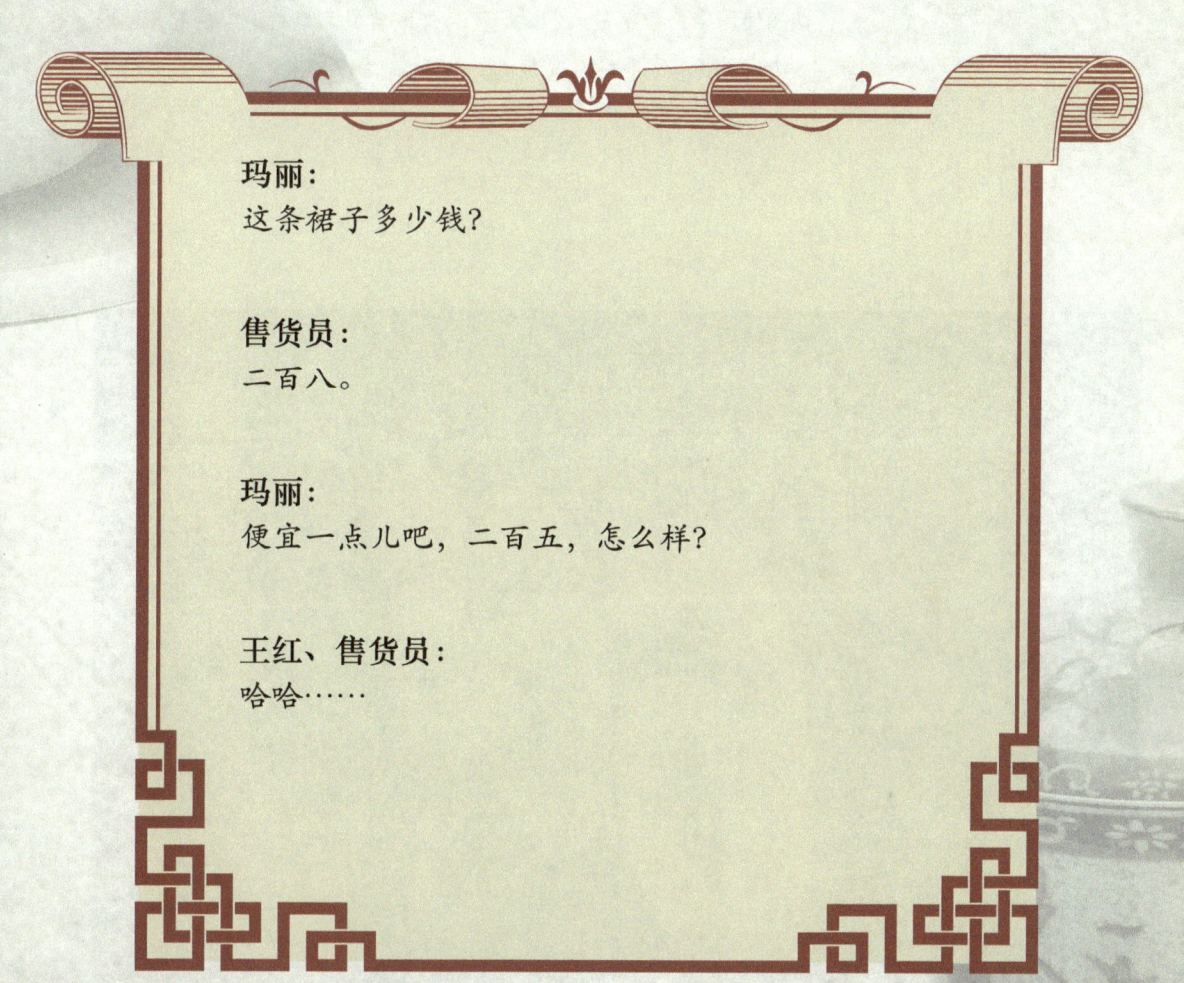

玛丽：
这条裙子多少钱？

售货员：
二百八。

玛丽：
便宜一点儿吧，二百五，怎么样？

王红、售货员：
哈哈……

21. 为什么不能定价为"250"元？

各个国家都有**禁忌的数字**。中国人对数字也有自己的好恶。

数字的基本功能是计数，它本来是一种计数符号，表示人或事物的数量。但是在长期的使用中，数字被人们赋予了特殊的含义，具有了丰富的文化内涵。中国人认为有些数字能给人带来幸运和财富，如"六、八、九"，有些则被认为会给人带来灾难和不幸，如"四"。

中国人喜欢双数，喜欢"好事成双"，由"二、两、双"组成的词语多是褒义。所以在为喜庆的活动选择日期的时候，一般选择双数的日子。但逢"二"的日子忌出殡，因为人们不希望坏事成双。

在由"二"组成的词语中，也有不少是贬义的。比如"二百五"，它多用于骂人，指那些有些傻气、说话做事不经过考虑的人。所以，在给商品定价时，人们常常避开这个数字，哪怕吃点儿亏，也选用248元或者249元。商家觉得"二百五"说出来刺耳，不好听，会给自己带来坏运气。

带"二"的贬义词还有"二流子"（游手好闲、不务正业的人）、"二愣子"（鲁莽的人）、"二五眼"（能力差的人）等。在口语中，"二"还可以表示人又呆又傻，如"这个人真二"，多带有贬义，但也可以用来对非常亲密的人开玩笑。

虽然在中国，"十三"不像西方那样不吉利，但"十三点"也是个贬义词，指人傻里傻气，言行不合情理。

数字禁忌多与谐音相关。"三"谐音"散",做寿和结婚忌选择含有数字"三"的日子,祝寿、贺喜送礼也忌"三"这个数字;"四"谐音"死",非常不吉利,因此选车牌号、电话号码时,人们一般不愿意选它。

此外,中国人认为老人的三个生日最重要,就是六十六岁、七十三岁和八十四岁,到时候一定要摆寿宴。民间有句俗谚:"人到六十六,不死掉块肉"。形容人年纪大了,身体开始衰弱了,要注意保养。还有"七十三,八十四,阎王不叫自己去"的说法。据说圣人孔子活了七十三岁,孟子活了八十四岁,两位圣人都没能过这两道关,普通人就更难了。因此,民间也就认为这几个岁数很危险,就有了这三个生日时祝寿的习惯,期望老人能平安度过这三个关口,健康长寿。

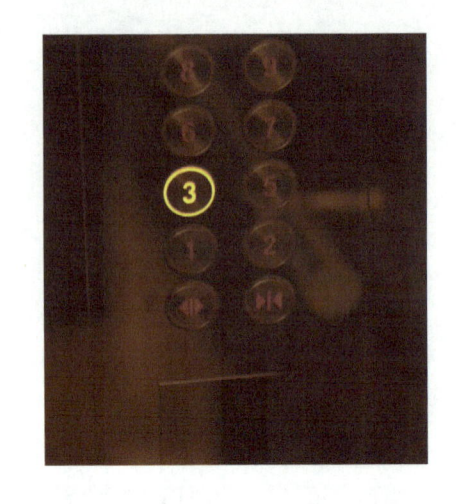

（玛丽和王红在饭馆吃饺子。）

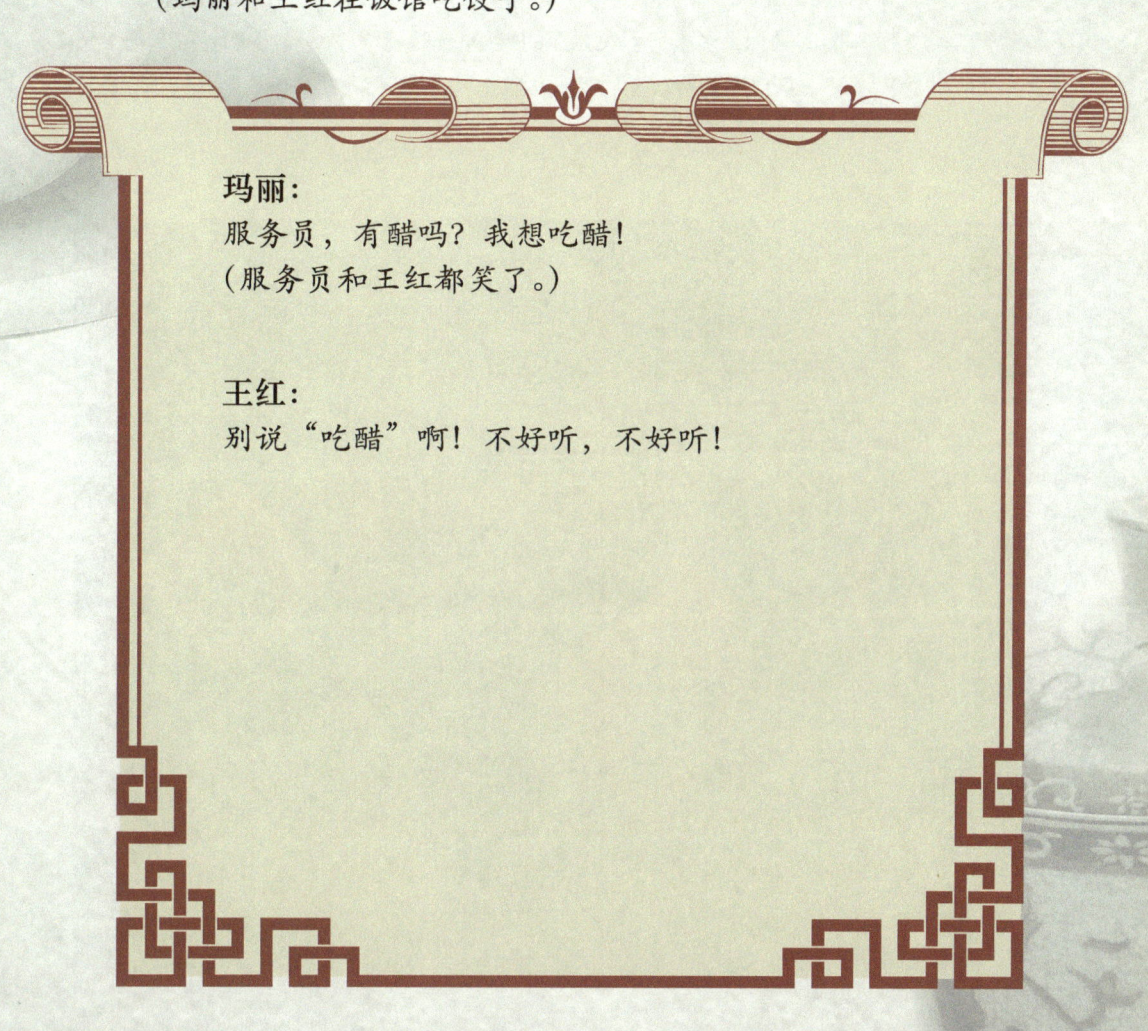

玛丽：
服务员，有醋吗？我想吃醋！
（服务员和王红都笑了。）

王红：
别说"吃醋"啊！不好听，不好听！

22．为什么不能"吃醋"？

醋是中国人餐桌上常备的调料，但是如果你需要醋时，不能说"我要吃醋"，而应该说"我要醋"或者"我要一点儿醋"，因为"吃醋"是"嫉妒"的同义词，多指男女关系上的嫉妒心理。没有人愿意主动卷进一场三角关系吧，所以不会有人说"我要吃醋"。

交/际/文/化/篇
Communicative Culture

关于"吃醋",流传最广的是这样一个故事:唐太宗赐给丞相房玄龄几名美女做妾,房玄龄不敢接受。唐太宗知道一定是他的夫人不肯答应,于是就派太监给房夫人送"毒酒",说如果她不接受这几名美妾,就喝下毒酒。夫人一点儿也没有犹豫,接过"毒酒"一饮而尽,结果并没有死去,原来壶里装的是醋,皇帝用这个方法来考验她,开了一个玩笑。后来,人们就用"吃醋"来表示"嫉妒"。

除了"吃醋"以外,还有"醋劲儿",指嫉妒的情绪,"醋意大发",指因嫉妒而发脾气,这两个词都是指男女关系上的嫉妒。"半瓶子醋"比喻那些对某种知识或技术只略知一二、却自以为很有知识的人。

另外,在饭桌上,有人问"吃什么主食",不能说"要饭",没吃饱要再添饭时,也不能说"要饭",可以换成别的方式,如"来一碗饭""添碗饭"。因为"要饭"的意思是向人乞讨食物或财物,是乞丐的行为,当然是人们不愿提及的。

吃鱼时一般不翻面，如果觉得吃另一面不方便，也可以翻，但是不能说出"翻"字来，应该说"划"。这最初是渔民的忌讳，因为他们最怕听到"翻"，翻船对他们来说是灾难，这个忌讳一直流传到今天，已经形成一种风俗习惯。

春节期间，说话做事更要谨慎，尽量回避不吉利的话，如"病、死、杀、完了、没了"。不要打破器物，因为忌讳说"破、坏"。饺子如果煮破了，不说"破了"或"坏了"，因为人们觉得一年之初这样说很不吉利，一年都会倒霉，换个别的说法，如"挣"（意为挣钱）就没问题了。

总之，会妨碍人们正常进食的话，会引起人们不愉快、不吉利、不雅的联想的词语，都不应该在吃饭时说。

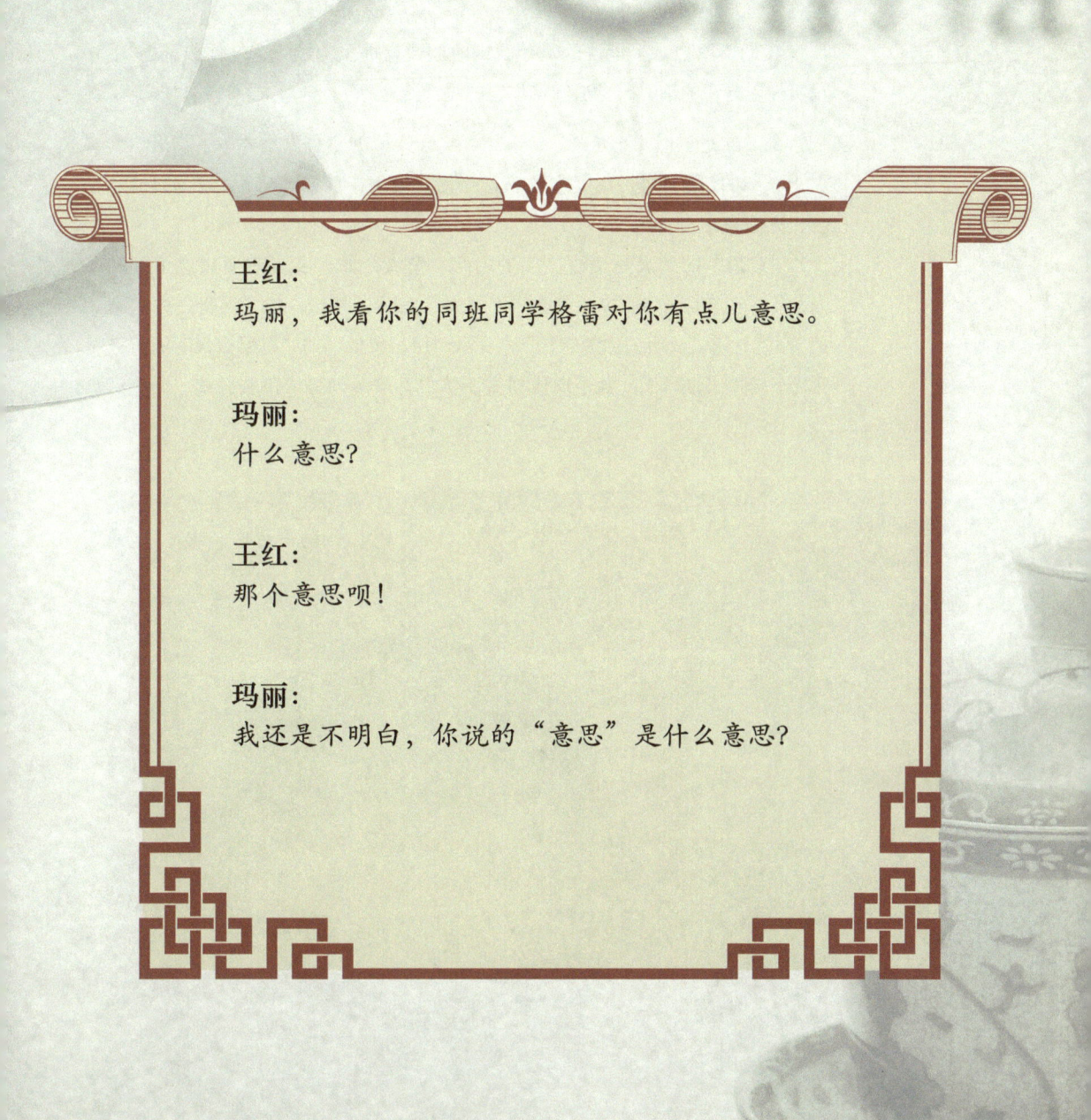

王红：
玛丽，我看你的同班同学格雷对你有点儿意思。

玛丽：
什么意思？

王红：
那个意思呗！

玛丽：
我还是不明白，你说的"意思"是什么意思？

23. "意思"是什么意思?

我们不明白一个词说的是什么的时候,常提出问题"这是什么意思";没听懂对方说的话时,常追问"你说的是什么意思";送对方礼物的时候,我们常说"这是一点儿小意思"……"意思"的意思真是太多了。虽然词典上介绍的已经很全了,但是在实际生活交流中,很多情况下,还是只能意会,无法言传。

"意思"的本义是语言文字的内容、意义,如:"我还不明白这个词的意思";在实际交流中,"意思"可以表示意见、想法,如"我明白你的意思",就是说"我明白你的想法";表示作用、价值,如"花那么长时间研究这个,有什么意思",就是说这样做不值得;表示趋势或苗头,如"天有点

交/际/文/化/篇
Communicative Culture

儿要下雨的意思",就是说天看起来要下雨了;表示礼物所代表的心意,如"这是我的一点儿小意思,请收下";指表示自己的心意,如"为了向她表示感谢,我想请她吃饭,意思一下",就是说要请她吃饭表示谢意;表示应付、不必认真去做,如

"不用把杯子里的酒都干了,意思意思就行了",指的是应付对方,只是做出样子给人看,并不把酒喝光;表示趣味,如"这个电影很有意思";表示男女之间的感情,如"我看他对你有意思",是说他对你有好感;表示某人达到朋友的标准,可

以说"够意思",如"他真够意思,我搬家他一直帮着,忙了一整天",反之,就是"不够意思",如"他结婚没请我,真不够意思";表示道歉,常说"不好意思";责怪和批评时,说"你怎么好意思看着我遇到困难不帮忙";表示愤怒,如"你这样做什么意思"……

这么多"意思"的意思,你都记住了吗?要是以后有人对你有意思,你也对他有意思,就好好地相处;要是你对他没有意思,就该赶快告诉他你的意思,别到最后,大家都没意思啊!

（玛丽和王红在公园划船，突然，王红看着什么笑了起来。）

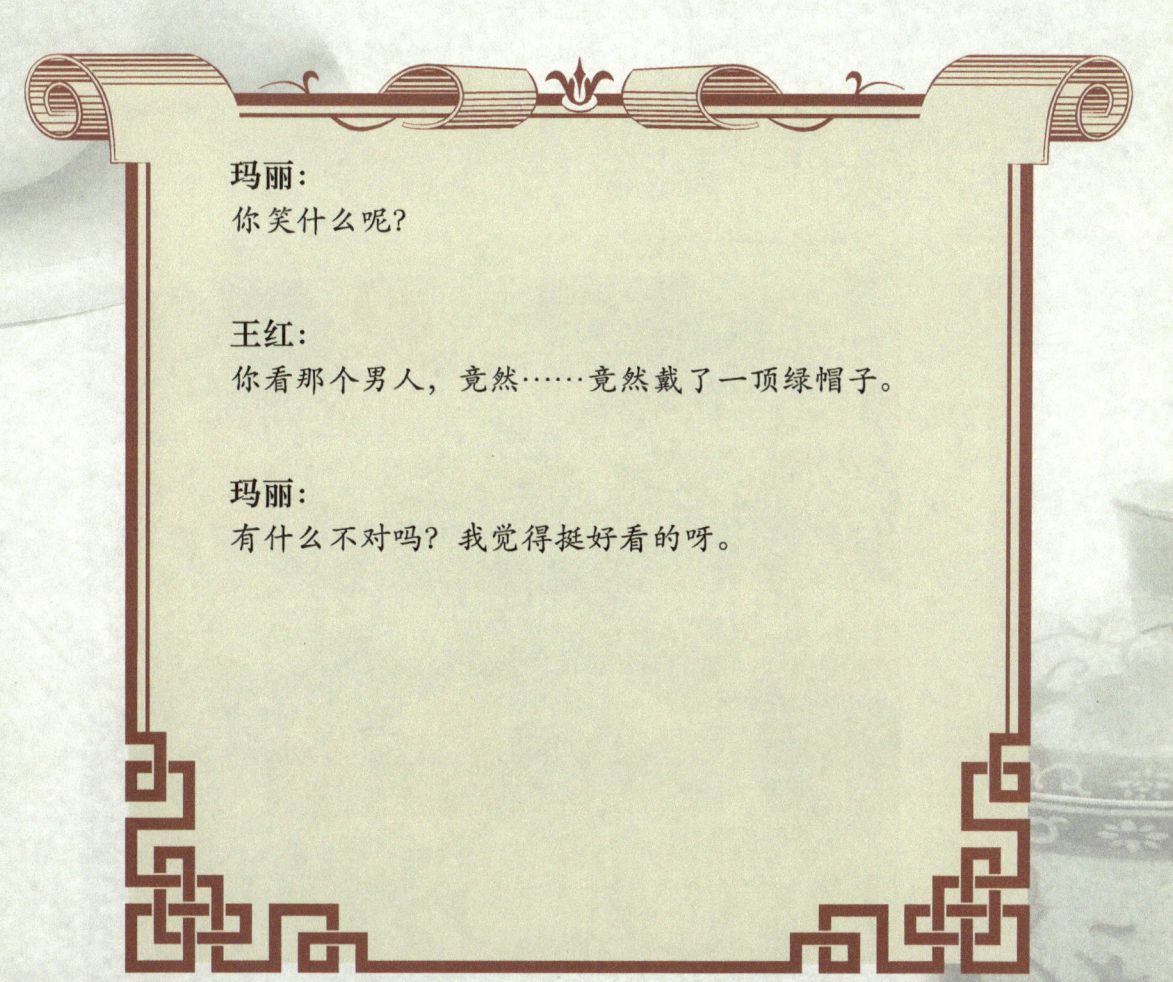

玛丽：
你笑什么呢？

王红：
你看那个男人，竟然……竟然戴了一顶绿帽子。

玛丽：
有什么不对吗？我觉得挺好看的呀。

24. 绿帽子、白花能不能戴？

　　仔细留意一下，你会发现，在中国几乎看不到人们戴绿帽子，特别是男人，绝对不会去找一顶绿帽子来戴，不管那顶绿帽子有多好看多适合他。商店里各种颜色的帽子都有，但就是很少有卖绿色的帽子的。再看看，女孩子的头饰、胸花琳琅满目，但也很少见到有姑娘胸佩白花或者头戴白花。这是因为戴绿帽子、戴白花在中国都有特殊的意义，一直都是中国人穿戴上的禁忌。

当一个男人的妻子有婚外情，不忠实于自己的丈夫，跟别的男人偷情，那么这位丈夫就是"戴了绿帽子"，也可以说他的妻子"给他戴了绿帽子"，这当然是件不光彩的、丢脸的事。因此在中国，没有人愿意戴绿帽子，也没有人愿意买绿帽子，绿帽子在中国是卖不出去的。如果你戴绿帽子出门，免不了有人多看几眼，或是偷笑，或是"同情"。如果你去商店，问售货员有没有绿帽子，售货员可能还会觉得你是个"二百五"！

而白花，多用于葬礼和祭祀。依照中国的传统风俗，为故去的人举行葬礼、料理后事时，为表示哀悼、尊重和怀念，死者的子女要穿孝服，女孩子还要头戴白花；其他

亲属要穿黑衣，左臂戴黑纱；参加葬礼的朋友、同事也都要穿素色服装，并在胸前佩戴白色纸花。在亲人去世后的一段时间里，丧家在生活的很多方面都要节制，如要臂戴黑纱，女孩子要头戴白花（也就是戴孝），不能穿色彩鲜艳、样式怪异的服装，不能化妆，不能佩戴首饰，不能饮酒、参加宴会、娱乐等，这表示生者对逝者的爱、尊敬和怀念。虽然现在已经不像以前要求得那样严格和烦琐了，但还是或多或少地保留了这样的习俗，其中戴黑纱和白花仍然很常见。因此在中国，女人佩戴白花一般会被认为家里有亲人去世，正在戴孝。

现代中国人的婚礼多是中西式婚礼的结合，新娘常穿白色婚纱，

头戴白百合、白玫瑰等花朵或花环，衬托出新娘的纯洁和美丽，这就是另外一回事了。参加婚礼时，来宾一般要穿喜庆鲜艳的颜色，不能穿一身黑衣服，因为黑色服装常在葬礼时穿着，婚礼时穿就不吉利了。

总之，选择衣帽、饰物一定要考虑到中国的风俗民情，不然美是美了，招来路人的指指点点，被人误会就不好了。

另外，"花环""花圈"和"花篮"要分清，虽然它们都是花朵制成的，但是用途不同。"花环"是环形物，比较小的戴在头上，比较大的套在脖子上，多用来表示对远道

而来的客人的热情欢迎；"花圈"是圆盘形状，比较大，敬献在死者灵前、墓前，以此缅怀逝去的亲友；"花篮"则用于婚礼、寿宴、开业等庆典，可以是组织者自己准备，也可以由客人作为贺礼送上。这几样东西可千万不要说错献错，不然麻烦可就大了！

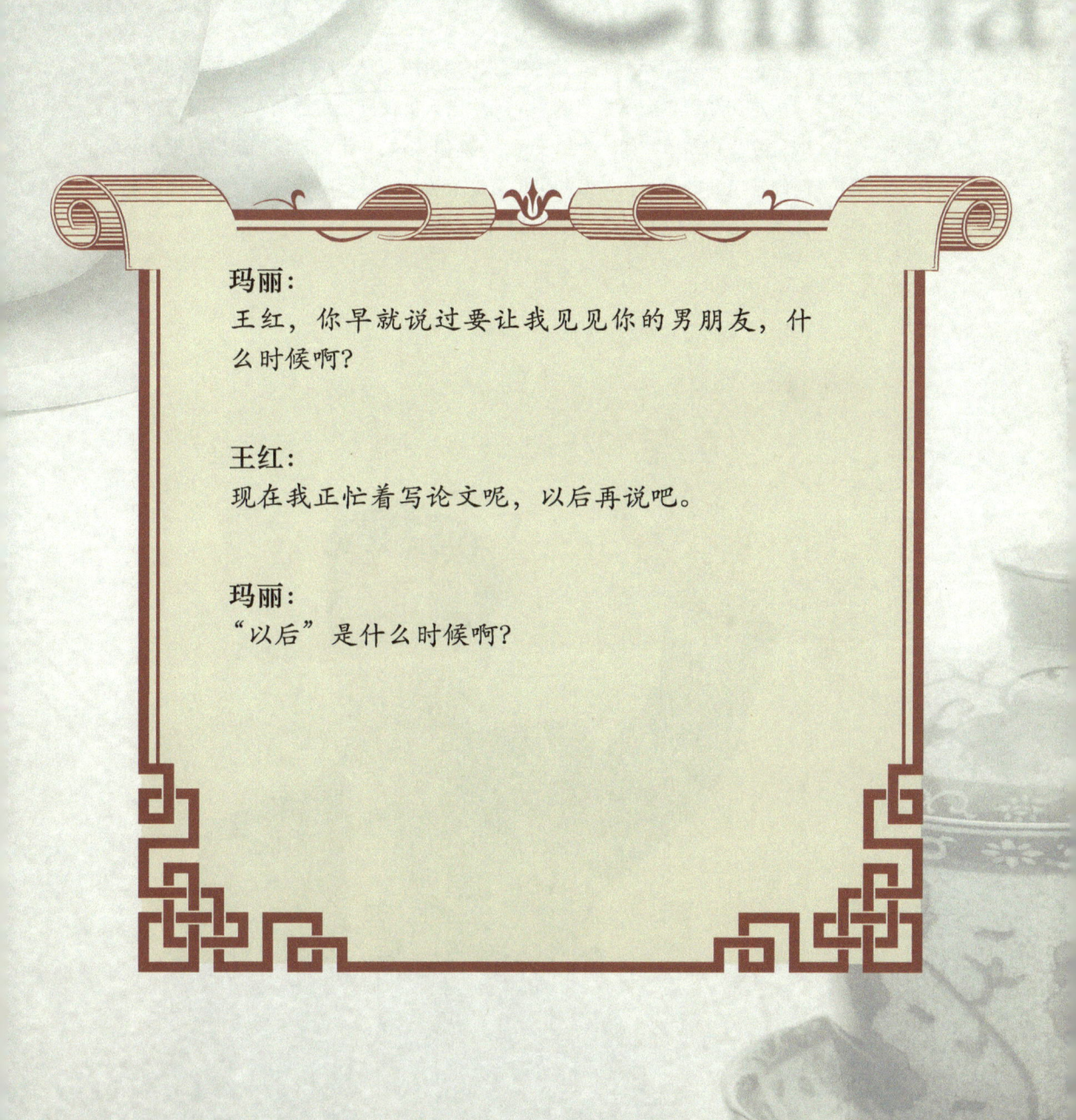

玛丽：
王红，你早就说过要让我见见你的男朋友，什么时候啊？

王红：
现在我正忙着写论文呢，以后再说吧。

玛丽：
"以后"是什么时候啊？

25. "以后再说",什么时候"说"?

"**以后再说**",是中国人的常用语,人们常常把它挂在嘴边。

这句话可以表示客气的回绝。中国人很少直接拒绝别人,不愿伤害对方的自尊心和面子。如,小伙子邀请喜欢的姑娘"什么时候一起出去玩儿吧",向她发出爱的信号,姑娘如果没有这个想法,可以委婉地说"以后再说吧",实际上是在暗示小伙子不想跟他谈情说爱。

交/际/文/化/篇
Communicative Culture

"以后再说"可以表示委婉的推辞。如"一起吃饭？好啊，但是我今天还有事，以后再说吧"，被邀请者因为某种原因并不想接受邀请，但又怕直说会令对方没有面子，所以通常不会直接拒绝，而是言明拒绝的原因，如"有事""加班"等等。这有可能是真的，也可能是善意的谎言，但是说谎是为了维护对方的自尊心，不辜负对方的好意。

"以后再说"可以表示暂时不方便，但以后时机合适的时候，一定会尽量做到。如学生问老师"您什么时候教我们包饺子啊"，老师回

答"这几天忙着期末复习和考试，以后再说吧"，是指忙过这段时间，等考试结束以后再教他们包饺子。

"以后再说"也可以表示不必介意，不用放在心上，算了，作罢，就这样结束。如"这些书没多少钱，以后再说吧"，其实是告诉对方，书钱不必还给自己了。

因此，"以后再说"是客气的回绝，不会伤害对方的自尊，照顾到对方的面子；是温暖的等待，承诺一定会在合适的时候兑现；是委婉的推辞，使说者、听者心里都舒服、愉悦。

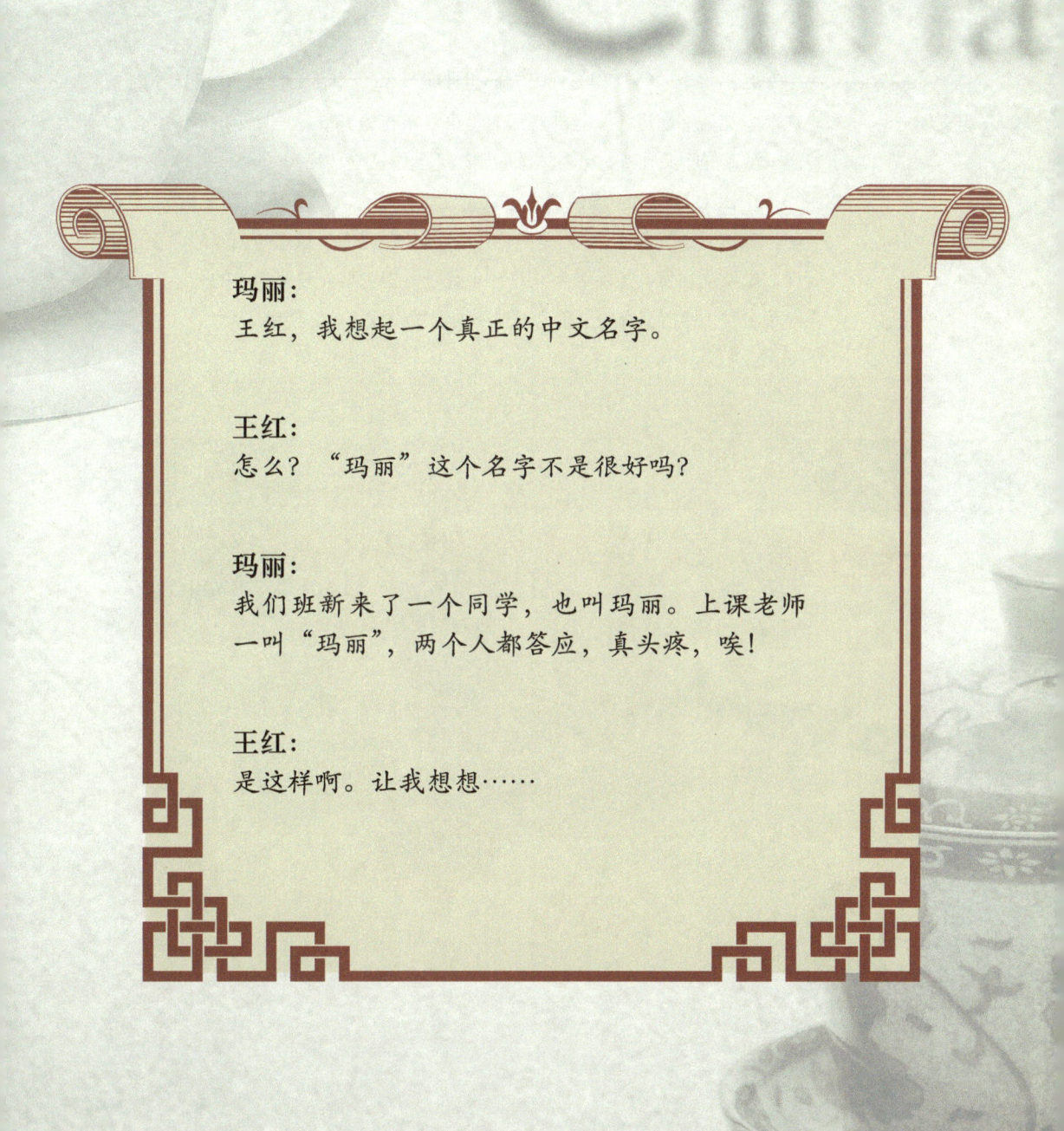

玛丽：
王红，我想起一个真正的中文名字。

王红：
怎么？"玛丽"这个名字不是很好吗？

玛丽：
我们班新来了一个同学，也叫玛丽。上课老师一叫"玛丽"，两个人都答应，真头疼，唉！

王红：
是这样啊。让我想想……

26．起名字应该注意什么？

几乎每个学习汉语的外国人都想拥有一个中文名字。人们希望这个中文名字地道，又能与自己的母语名字有语音或者语义上的联系。怎样起一个既好听又独特、带着浓浓中国味儿的中文名字呢？

中国人的姓名一般是两个字或者三个字的，如"刘翔""章子怡"，姓在前，名在后，即"刘、章"是姓，"翔、子怡"是名，这点与西方的名字正相反，要特别注意。虽然名字只是一个代号，但它要伴随每个人的一生。父母在起名时，通常都寄托了自己对孩子的无限深情和美好期望。

交／际／文／化／篇
Communicative Culture

姓是与生俱来的，绝大部分中国人是随父姓的，也有少部分是随母亲姓的。有的外国朋友起中文名字时，也希望有一个像中国人一样的姓，一般会在已有的中国姓氏中选择一个。这个姓可以是自己喜欢的，如喜欢李小龙，就姓"李"，觉得"何"这个姓发音好听，就姓"何"；也可以用自己的母语名字的谐音，如一个匈牙利学生叫"Gabor"，就姓"高"。

起名时谐音如果运用得巧妙，会使人感到独具匠心，非常有美感，如"甘露""王者""潘跃"(攀越)。但是谐音不美，甚至造成歧义的名字，如"范婉"(饭碗)、"刘妍"(流言)，就尽量要避免，应考虑周全一些，不然就会闹笑话了。

名字要男女有别，男孩子的名字多昭示阳刚、坚强等男性气概。

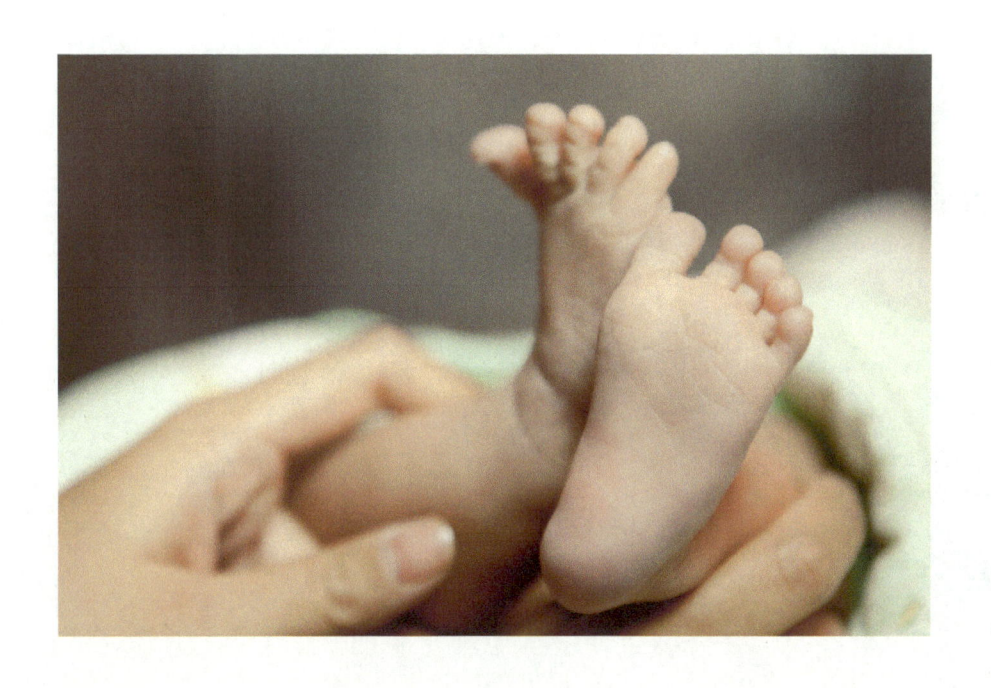

据说，现代中国男孩子起名使用最多的是石部、山部、立刀旁、金字旁和日字旁的字，比如"磊、岩、峰、岳、刚、剑、锋、旭"，象征男子像石头一样坚毅，像山峰一样伟岸，像兵器一样锋利，像朝阳一样灿烂。女孩子的名字多展现柔美、妩媚、乖巧可爱的女性气质。中国女孩子的名字使用最多的是水部、草部和王部的字，如"洁、清、莹、莉、琪、琳"，象征女子像水一样洁净温柔，像花一样芬芳秀丽，像美玉一样晶莹美好。外国人起中文名也可以参照这一规律，像"王艺涵""何俊梁""康德"这些外国人的中文名字都是又好听又好记的名字。

需要注意的是，要尽量避免使用生僻字，难写难记，不便使用和流传，就违背了起名的初衷了。还应尽量回避常用名，避免重名。一个班里如果有两个叫"玛丽"的，只好以"大玛丽""小玛丽"来区分，叫起来麻烦，又容易引发误会。

玛丽：
王红，什么是"面子"？

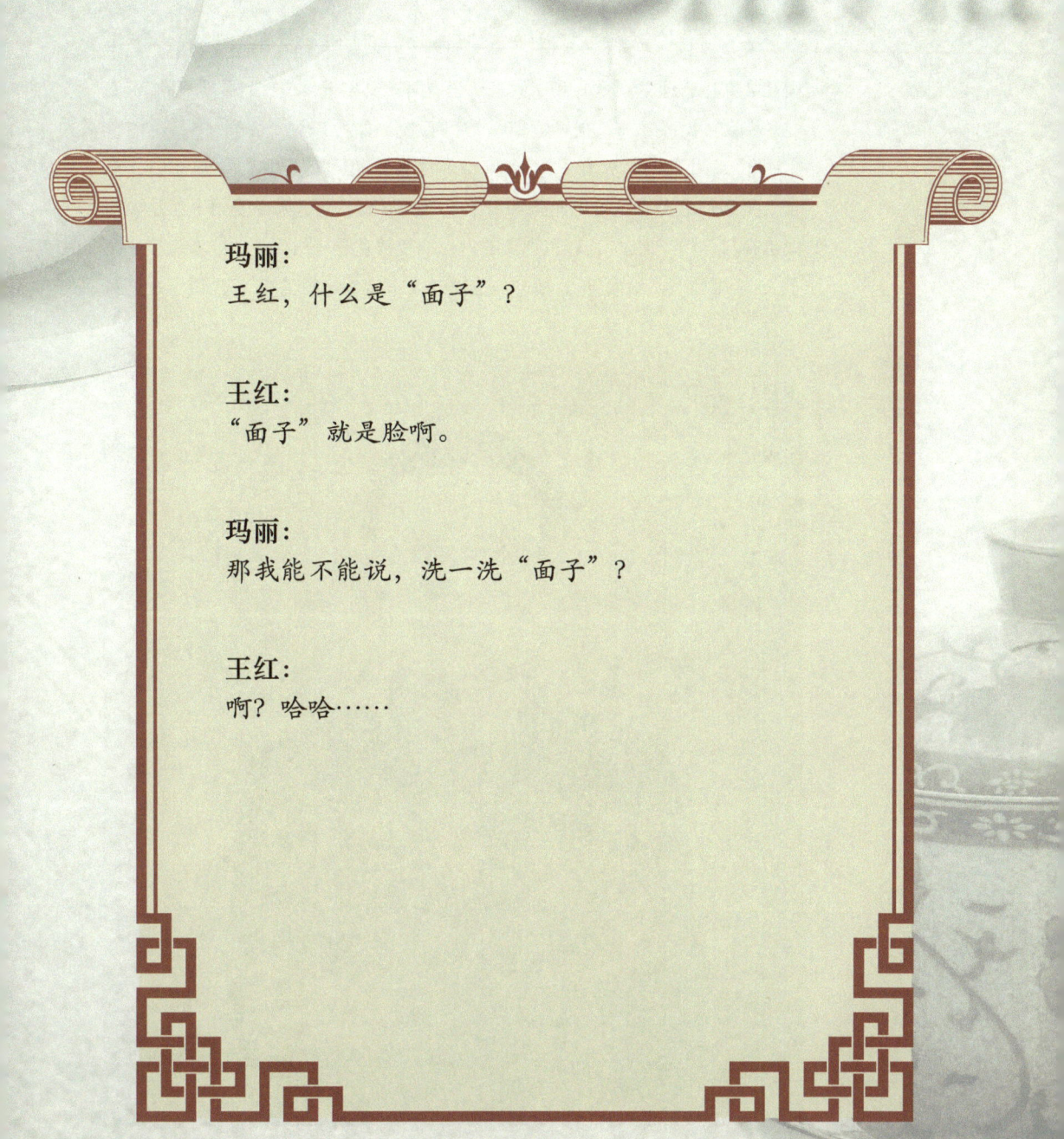

王红：
"面子"就是脸啊。

玛丽：
那我能不能说，洗一洗"面子"？

王红：
啊？哈哈……

27. "脸"和"面子"一样吗?

在英文中，脸、面子都通称为"face"，而在中国人眼里，在中国社会文化心理中，"脸"和"面子"虽有时意义相近，但也有着明显的区别。

"脸"和"面子"意思近似，常可互换。如可以说"丢面子"，也可说"丢脸"；可以说"赏面子"，也可说"赏脸"。但"面子"多表示在公开场合，受到社会公众认可的地位、身份、权势，如"他这人很爱面子"是说他很重视自己的"面子"。尊重别人的地位或权势就是"给面子"或者说"留面子"，否则叫"不给面子"，如"你这样说太不给人家面子了"，是说不尊重对

方的地位、脸面。上级给下级足够的地位、权势，称为"赏面子"。拥有一辆名贵的跑车，孩子考上了名牌大学，自己升职、涨工资，这都是"有面子"的事，这时，不能说成"脸"。

中国人爱面子，怕丢脸，俗话说"人要脸，树要皮""人怕没脸，树怕没皮"，可见面子在中国人观念中的重要性。在人际交往中，中国人很注重给别人"留面子"，觉得这样也是给自己面子，因为给别人面子同样也是自己有面子的表现。面子是一种气节，是自尊、自信、自立、自强。

"面子"是自尊心。为了不伤害别人的自尊心，中国人批评别人的时候一般都比较温和、委婉，而不是直截了当的。人们不喜欢直接、严厉地批评别人，也很少在大家面前责备别人。即使是上级对下级、老师对学生提出批评时，也多采用建议的口吻，说"希望……"，如"希望你下次做作业，认真一点儿"，这其实是委婉指出了对方的不足，以引起对方重视。

不能否认，有时面子是虚荣心。为了"要面子"，父母省吃俭用，大操大办孩子的婚礼；为了"争面子"，几个女孩儿互相攀比，谁的衣服、皮包更贵，谁的男朋友更有钱；有人请客很大方，其实是为了

交/际/文/化/篇
Communicative Culture

显示自己多么有钱，多么有地位。

　　"脸"常指个人的尊严，做人的基本道德底线。如"他觉得没脸见父母""他竟然做出这种事，真是丢脸"，做了错事，甚至违反了法律，这是"丢脸"，而不能说"丢面子"；某人道德极其败坏，会遭到斥骂"真不要脸"，这是相当严厉的谴责，跟骂人"无耻"的程度相似，这时候，也不能说"面子"。很

明显,"没脸"比"没面子"更可怕。"没脸"是指一个人失去基本的自我尊严,而"没面子"则只是指一个人失去比别人强大的声望。

以后,如果中国人对你说"你最好别……""希望你以后……",你很可能是做错了什么,他是在给你"留面子",委婉地批评你呢。

玛丽：
王红，你的论文能不能通过？

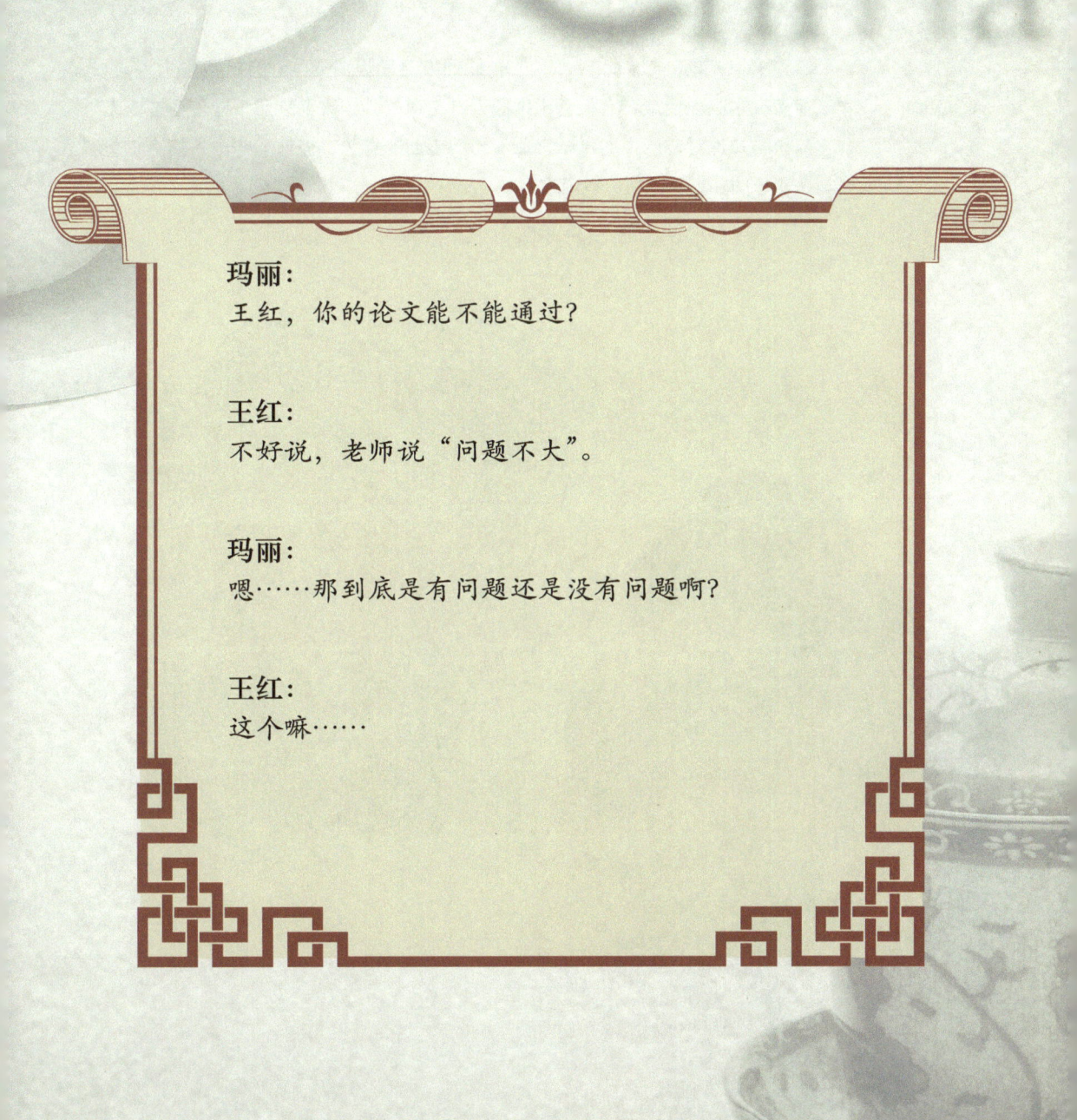

王红：
不好说，老师说"问题不大"。

玛丽：
嗯……那到底是有问题还是没有问题啊？

王红：
这个嘛……

28. "问题不大"是有问题还是没有问题?

中国式的**沟通方式**,跟西方直率坦白的沟通方式有很大不同。很多在中国生活或者有机会跟中国人打交道的外国人都表示,即使语言上无障碍,知道对方所说的每一字每一句的表面的意思,但理解中国人的真正想法和意图,还是存在一些困难。

究其实，这是外国人对中国式沟通方式缺乏了解造成的。中国人的表达方式和沟通方式，都是间接、委婉的。中国那些广受推崇的古诗词和文章，打动人的往往不是直白的铺叙，而是委婉、含蓄的倾诉，通篇没有一个"爱"字，但却让人清清楚楚地体会到所描绘的就是"爱"。中国人觉得，朦胧最具美感。他们一般不会直截了当地说出自己的想法和意图。对别人的要求，中国人一般不会说"不"，多回答"问题不大"或者"好吧，我尽力"，这一方面是顾及对方的面子，不忍心让对方完全丧失信心和希望，另一方面也是顾及自己的面子，还想留一定的空间，力图去满足对方的要求。

中国人对别人要为自己提供的帮助和服务，常说"不用"或"不了"。同样是面对"您喝点儿什么"这个问题，外国人往往直白地说出自己的需求，而主人只要照做就可以了，没有什么不妥。但是中国

人就一般会回答"不用了，别麻烦了""不了，别客气了，别忙了"。当然，他这样说确实是担心给对方添麻烦，但如果主人不了解中国文化，真的什么也不为他准备，在中国人看来就有些失礼了；即使客人说不需要，主人仍然应该细心地再次问询，或猜测对方喜好为对方倒一杯茶，这才是礼貌周到的。

要顺利地跟中国人交流，应该像中国人那样去思考，了解中国人这种谨慎、内敛的沟通风格。当然，如今很多中国人已经掌握了较为直白的沟通方式，他们能够适时、明确地表达自己的想法，提出要求、建议和批评。但尽管这样，人们还是愿意用委婉的表达为自己留出一定的空间。

听话不但要听字面，还要听懂"言外之意"，"问题不大"的前提是"有问题"，但问题是否严重就需要你去体察了。

(大卫和董老师正在聊天儿。)

大卫：
昨天我认识了一位姓张的先生，他是一家公司的副总经理。当时他好像有点儿不太高兴，可是我们是第一次见面啊！董老师，你能告诉我为什么吗？

董老师：
你怎么叫他的？

大卫：
我叫他"张副总经理"。

董老师：
怪不得……

29．该怎么称呼张副总经理？

国际商务交际活动中，**称谓**是很重要的。恰当地称呼对方，会给双方的相识、以后的合作奠定良好的基础。

中国人的名字是姓在前，名在后，知道了这一点，你就不会为该把"孙立"叫成"孙先生"还是"立先生"而发愁了。另外，在古代，女人婚后用丈夫的姓；现在女人婚后多数仍保留原来的姓，而不用丈夫的姓。在某些地区还保留着传统的习惯，把丈夫的姓放在自己的姓名前边，比如王琳女士跟

赵先生结婚后，她的名字就变成了赵王琳。人们可以叫她"赵太太"。不过，现在中国女性越来越独立，不愿依附于丈夫。在商务交往中，完全可以称呼她"王女士"，而不必考虑她丈夫的姓。

在中国，直呼姓名是非常不礼貌的。在商贸活动的称谓语中，中国人习惯用"姓氏＋职位/官衔"的结构，如"李经理、王部长"等等；而西方则习惯用"Mr/Mrs/Miss＋姓氏"来称呼，而且随着宾主双方熟悉程度的加深，甚至在一些正式场合，也可以互相直接称呼对方的名。有些不了解这一差异的中国人往往会生搬硬套中文的习惯，称呼外商为"manager＋姓氏"，误以为这显示了对对方的尊敬，其实会让对方感到一头雾水。而外国商人在称呼中方合作伙伴时，称呼"李先生、王先生"倒还可以，没有什么不妥当，但要是在正式商贸活动场合直

呼他们的名字"国强、志明",不管双方有多么熟悉,也是不得体的,会让对方、在场的其他人都觉得有些不自在。直呼其名虽然显得亲切,但即使两个人非常熟悉,也还要注意场合,在非正式、非公众的情况下,比如家宴或者私下聊天儿时就可以这样称呼了。

需要特别注意的是,对公司副总经理的称呼。如果总经理在场,应该称呼姓张的副总经理为"张副总经理",如果总经理不在场,就称"张总经理"。因为一般来说,他不会喜欢别人总是注意到他是"副"的而非"正"的"总经理",这样会有些没"面子"。

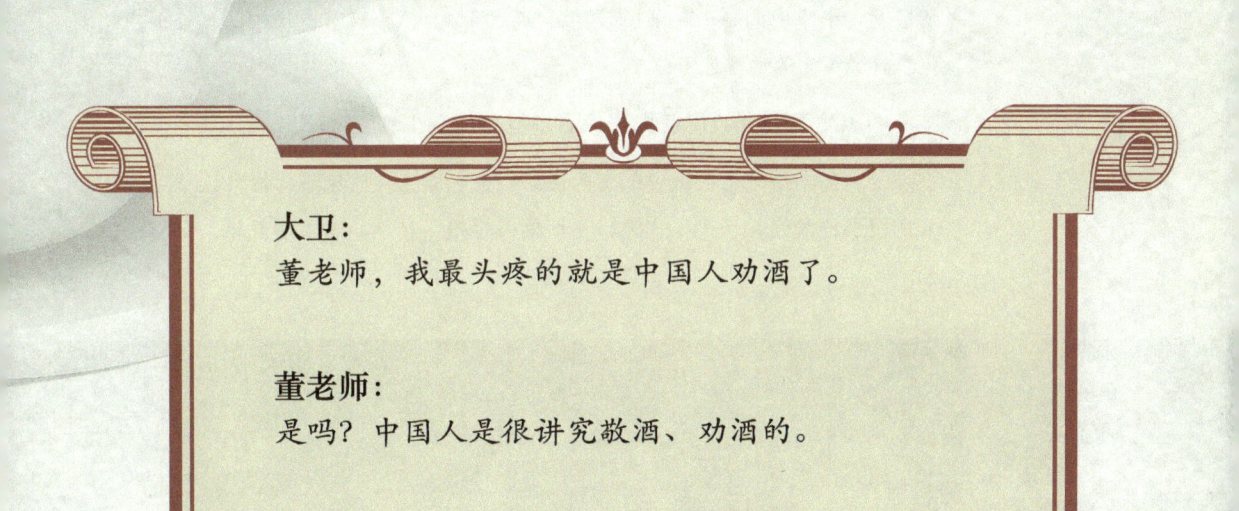

大卫：
董老师，我最头疼的就是中国人劝酒了。

董老师：
是吗？中国人是很讲究敬酒、劝酒的。

大卫：
我要是喝多了，那可就真是"出洋相"了！

董老师：
啊？哈哈哈……

30. 这酒一定得喝吗？

如果你想和中国人做生意，就一定要做好和中国人一起吃饭的准备。商贸活动中很重要的一个环节就是招待客人用餐。这个环节也是中国和外国文化差异最突出的地方之一。

中国生意场上的用餐文化，更多地表现在**餐桌、酒桌文化**上。餐桌是一个很重要的交际场所。在餐桌上，气氛不再像会议室、办公室里那样紧张、正式和官方，一切显得轻松、自然、有生活气息，交流也

更加顺畅。双方加深了了解，也可以化解以前可能存在的误解和矛盾。虽然在用餐的时候不该谈工作，不该谈跟商贸活动相关的话题，但这种轻松、和谐的氛围无疑能够延伸到日后的合作中。中国人相信宴请时如果能跟合作方进行充分沟通，便能提高合作成功的可能性。

"无酒不成宴"，酒在中国人的宴席上占有十分重要的地位，在商业交际上扮演着非常重要的角色。在生意场的饭局中，生意人要用酒来说话，用酒来衡量彼此间的情分和诚信，酒过三巡才会进入正题。和西方人不同，中国人喜欢喝白酒，现在中国人在宴会上也常常喝葡萄酒和啤酒。在招待外商时，中国人喜欢劝人喝酒，还认为酒喝得越多，关系越亲密，事情越好办。如果你

找借口坚持不喝，中国人会觉得你不实在，合作的诚意不够。所以，最好多多少少要喝一些。

要是不小心喝多了，失态了，会不会影响所在公司的形象呢？其实，这没什么。因为在中国人，尤其是北方人的观念中，喝醉了是表示你真的把他们当成了朋友，他们会觉得，你这个朋友值得深交。

不过话说回来，喝酒还是要量力而行。现在的中国人受外来文化的影响，劝酒方式温和多了，只要你足够真诚，他们是会理解的，实在不必担心。